HABITS OF THE TOP 5%
OF SALESPERSONS ACCORDING TO AI

AI分析でわかった
トップ5%セールスの習慣

越川慎司
SHINJI KOSHIKAWA

Discover

『ＡＩ分析でわかった
トップ5%セールスの習慣』購入特典

著者の越川慎司氏が提供する営業資料テンプレート（PowerPoint）を下記よりダウンロードいただけます。ぜひご活用ください。

＼ アクセスはこちらから！ ／

ユーザー名 ▶ discover2941
パスワード ▶ top5sales

https://d21.co.jp/special/top5sales/

本特典は事前の通告なしにサービスを終了することがあります。

はじめに

もうこれ以上、頑張らなくてよい。

2・1万人におよぶセールスの実態調査で感じた、私の感想です。

各社の営業職は、会社の研修と自己学習にかける時間は他の職種とくらべて最も多く、1・4倍以上でした。

セールスは営業目標に追われるだけではありません。

製品に不具合が起きると会社を代表して謝罪対応に追われ、また、納期の調整などの難題を解決するために内向きの社内関係者との交渉にも時間を費やします。

一方で、欧米型のジョブ型雇用の採用が進む中で成果主義が加速し、プロセスよりも結果が重要視されています。いくら頑張っても、数字を残さないと評価されません。

これは同情ではなく共感です。

私も同じことを経験したからです。


私のキャリアは営業からスタートしました。結果を残すことができず、心身ともに壊れそうな経験もしました。ラッキーな受注で好成績を残すこともありましたが、29歳で転職した先の外資系通信会社では再び結果を残すことができなくなりました。

頑張っているのに評価されない。

睡眠時間を削って頑張っていたのに、成果が安定しないのです。

プロセスは評価されず結果だけを見られて、悔しい思いをしました。


私は4つの会社でセールスを経験しました。

どの職場にも、楽しそうに仕事をして成果を出し続ける同僚がいました。

苦しんで努力を続けるのではなく、ゲームのように課題をクリアしています。

一人ではなくチーム戦で挑んで、難敵を倒していくのです。


このように、**「楽しみながら成果を出し続けるセールス」**には共通点がありました。

失注やミスがあっても、それを失敗と捉えていないのです。

競合他社に入札で負けても、提案内容が顧客に刺さらなくても、失敗とは考えません。失敗を失敗と呼ばずに、学びと捉えています。

うまくいかないことがあっても、それを次の営業活動に活かせば失敗確率を下げられることを経験しているのです。

こうして学びを蓄積し、失敗確率を下げることで成果を安定させているのが、トップセールスなのです。


私はマイクロソフトを卒業して働き方改革の支援会社を創業し、6年で800社以上のクライアント企業とお付き合いしました。そのなかで、各社のトップセールスに共通する行動習慣を分析すれば「営業の勝ち筋」が見つかるのではと考えました。

そして、若かりし日の私のような「頑張っても成果が出ない人」を救いたいとの思いから、「成果を出し続けている人」について膨大なコストをかけて調査することにしました。それがトップ5%セールス調査です。

800社以上のクライアントに声をかけて、協力していただける企業を探し、3年半にわたる調査と行動実験を繰り返しました。

「よろしくお願いしますと言わない」
「相手を見ないでカメラ目線で話す」
「やめることを決める」……

こうしたトップ5％セールス（以下、5％セールス）の特徴を、一般的な「その他95％セールス」（以下、95％セールス）が9か月間真似をしてみるという「再現実験」を、のべ2・1万人で実施しました。

すると、**再現実験を行った95％セールスの成績が平均1・2倍上がった**のです。

もちろん、営業成績には運や縁はあります。でも、その運や縁を引き寄せるメカニズムも少しずつ見えてきました。

また私たちは、個人の意見や思い込みを極力排除した客観的な調査結果を得るために、AIサービスを活用しました。具体的にはアマゾンやグーグルのモデリング、そしてマイクロソフトの感情分析などのAIサービスを活用して分析しています。最近では、話題のChatGPTを用いて発言内容を要約する試みも行いました。

AIを使っていなかったら3倍以上の作業時間がかかったでしょう。

図01　トップ5%セールスと95%セールスの比較

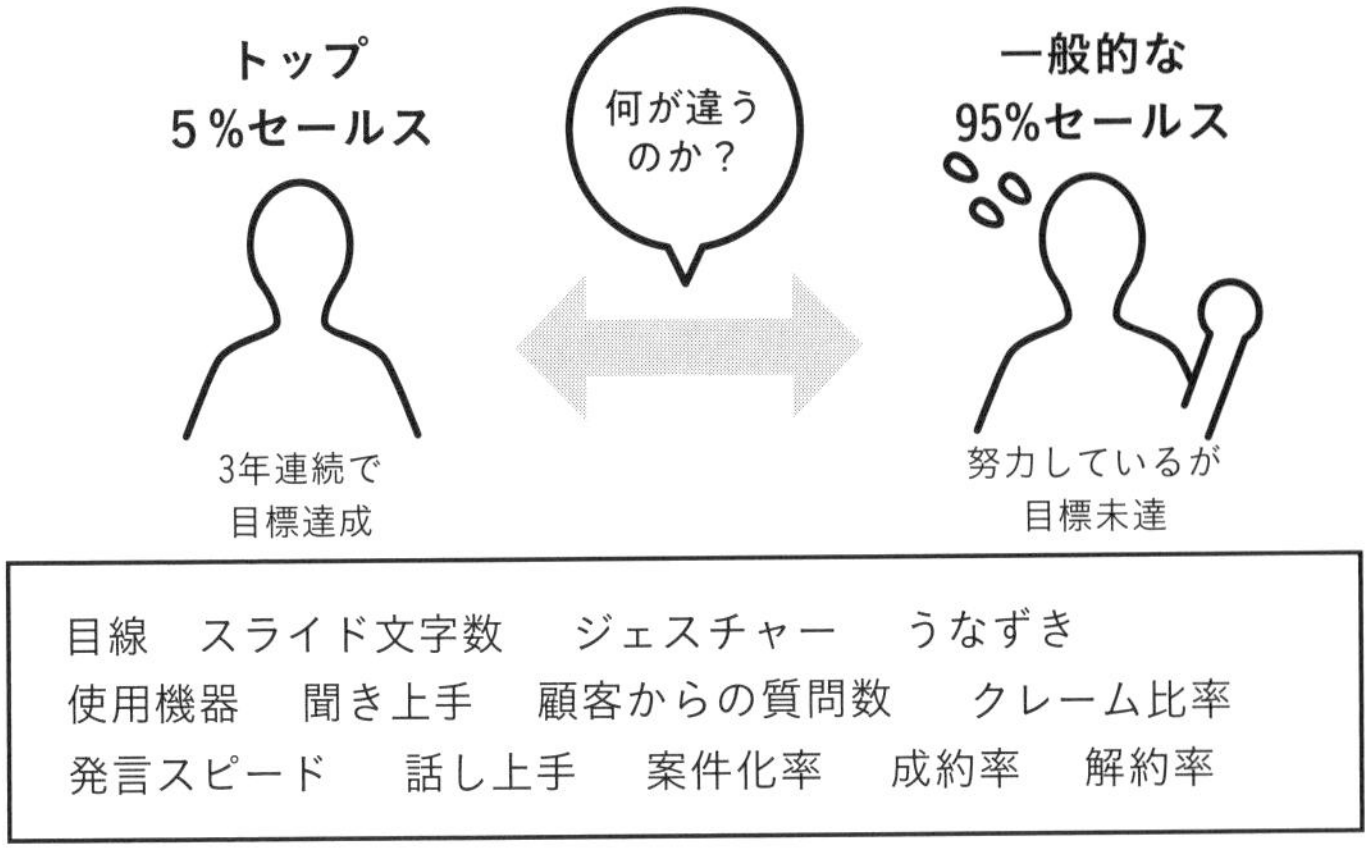

図02　AI分析でトップ5%セールスの
共通点・特異点を抽出

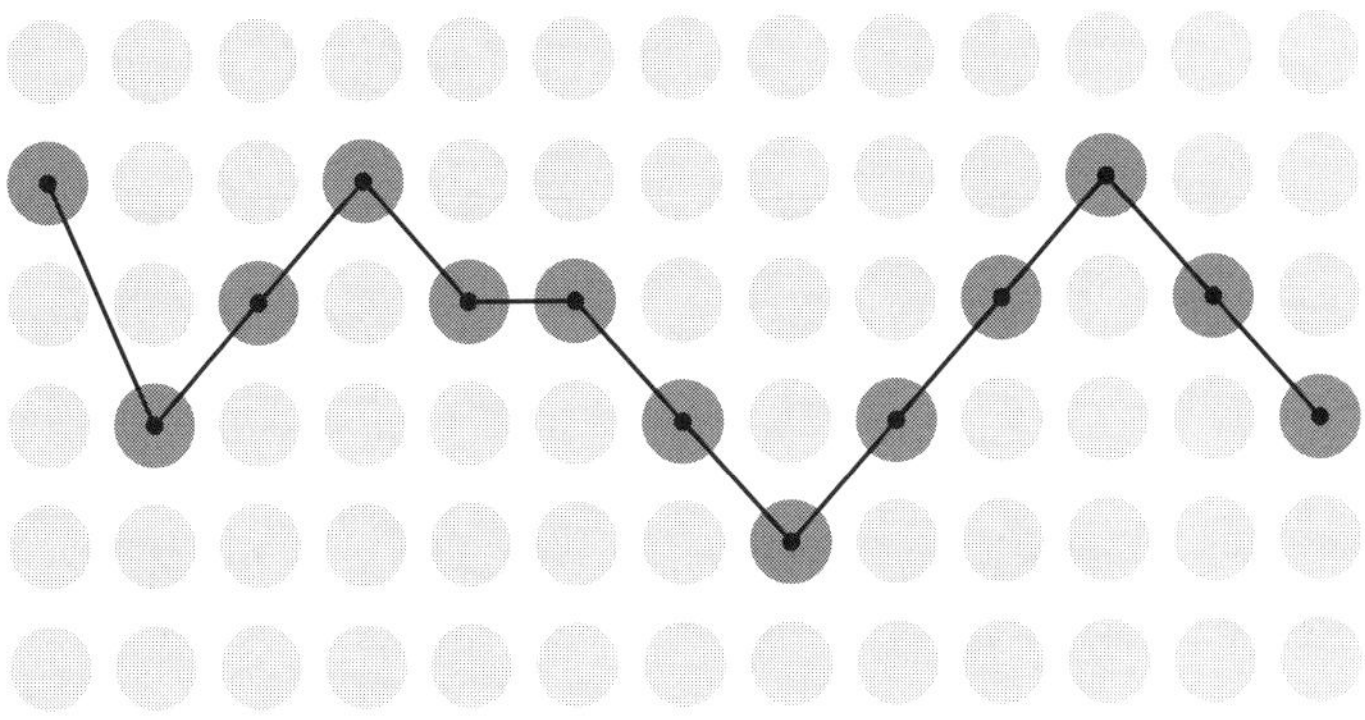

こうした再現実験を特別に1万時間以上行い、再現性の高かった行動習慣をまとめたのが本書です。

本書では、私個人の経験ではなく、調査データと行動実験をもとにした「再現性の高い行動ルール」を紹介しています。

プレゼンテクニックだけでなく、社内調整の方法やトラブルの対処法、新たな習慣のつくり方などにまで範囲を広げていますので、営業職ではない方にも適用できる内容が多いと思います。

トップ5%セールスとは

5%セールスとは、営業成績の上位5%というわけではありません。

第2章で紹介しますが、営業の仕事をしているとラッキーパンチがあります。偶然に思いがけない大型受注を引き当てて、年間達成率150%を超えるような経験です。

しかし、そのラッキーな商談は継続しません。それに、今年150%を達成したら、来年はさらに高い目標が課せられます。

図03 成約率が高まるアルゴリズム(法則)を生成

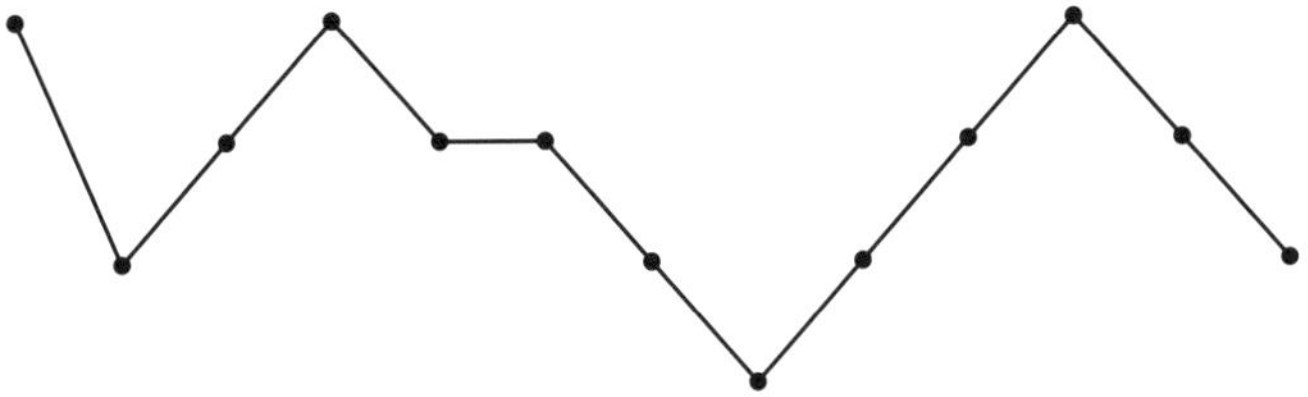

運に左右されることなく安定して成果を出すメカニズムを見出したいと考えた私は、成果を出し続ける人を5%セールスの要件に入れました。**「3年連続で目標を達成している人」**という条件を含めたのです。

つまり、今回クローズアップしたのは、成果が安定している人たちです。3年前も2年前も去年も、3年連続で目標を達成し続けて、かつ社内の営業成績がトップ5%に入っている人を「5%セールス」としました。

5%セールスは成果を出す習慣を身につけていますので、他部門へ異動しても、他社へ転職しても良い成績を出し続けます。

つまり、**再現性の高い行動習慣を持っている人たちです。**

図04｜一般社員による行動実験で再現性を確認

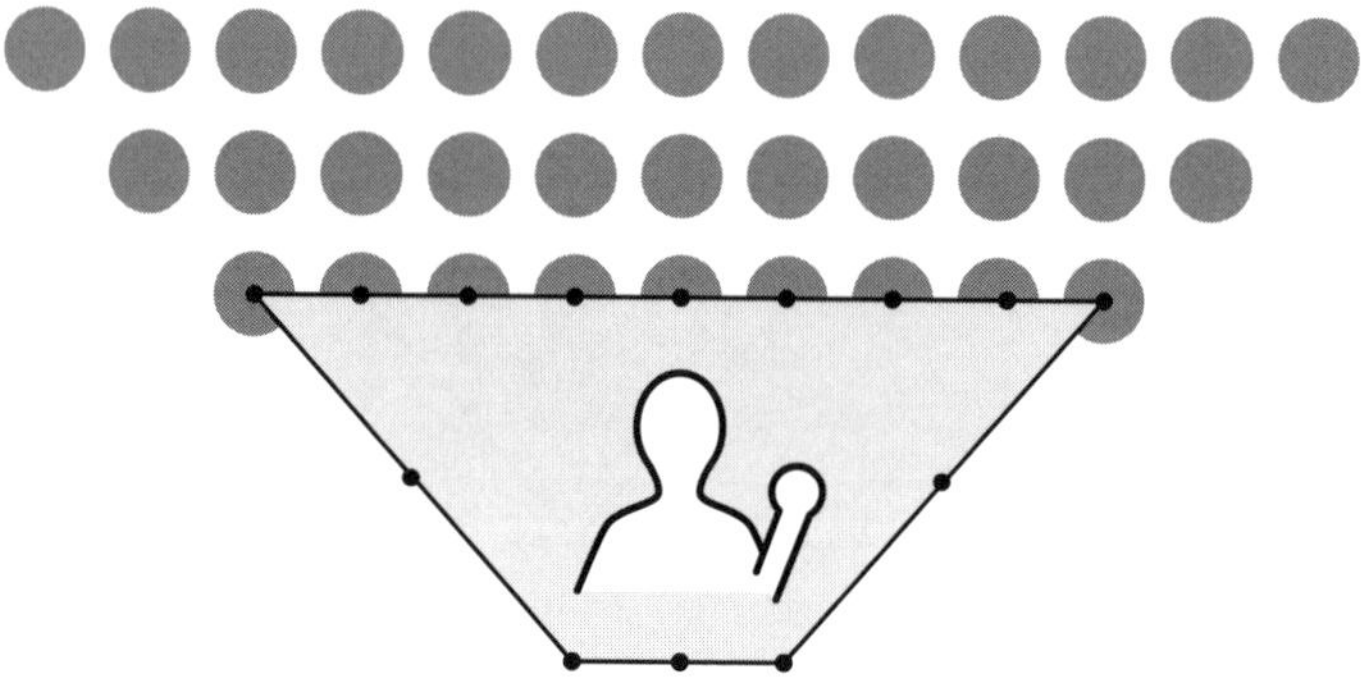

今回の5%セールスの調査を進めれば進めるほど、セールスだけではなくて他の業務、さらにプライベートでも活用できそうだと思いました。

たとえば、コミュニケーションの真の目的は「伝えること」ではなく相手を「動かすこと」である、交渉相手への興味や関心を高めることで十分な準備ができる……こうしたコミュニケーションの本質を理解できれば、コミュ力が高くなくても、人間関係を構築できます。

本書を通じて、成果を出し続けている5%セールスの行動習慣に触れて、自身を振り返り、「自分に当てはまるもの」「当てはまらないもの」を探してみてください。

「当てはまらないもの」があったら一つだけピックアップして、トップ5％の行動習慣を明日から実践してみてください。効果があれば続けて、効果がなかったら他の習慣を試してみてください。**こうした「小さな行動実験」の繰り返しが、あなただけの最適な「勝ち筋」をつくっていきます。**

ぜひ、「自分でやってみるならどれにしようか」という観点で読み進めてください。

一人でも多くの方がご自身の仕事との向き合い方をアップデートし、無理に頑張らなくても「楽しんで成果を出し続けられる」ようになることを心から願っています。

越川慎司

CONTENTS

AI分析でわかった　トップ5%セールスの習慣

第1章 顧客との「すれ違い」はなぜ起こるのか？

第2章 5%セールスの意外な共通点

第3章

95%セールスが良かれと思ってやってしまうこと

第4章

5%セールスのシンプルな思考と行動

第5章

5%セールスは周りを勝たせる

第6章 オンライン商談の成約率をアップさせたアクション

第7章 5％セールスの習慣を実践する方法

第1章

顧客との「すれ違い」はなぜ起こるのか?

不満解消に注力するセールス、新たな経験や嬉しさを求める顧客

私たちは各社の5%セールスを調査するとともに、826社826名の意思決定者にもヒアリング調査を行いました。つまり、売る側だけでなく、顧客側の調査も実施したのです。それによって、顧客側がどのような状況に置かれて、セールスに何を望んでいるかを解明したいと考えました。

大企業か中堅・中小企業か、B2BかB2Cか、などによって決定プロセスは異なってきますし、業種・業態によって商流が異なることもあります。しかし実際に調査をしてみると、相手とコミュニケーションをとる、相手の欲求を満たすという意味では、意外と共通する点が多いと感じました。

そこで、本章ではまず、顧客側の視点から見ていきたいと思います。

ソリューションだけでは満足してもらえない

顧客が持つ課題を解決することを、ソリューションといいます。言いかえれば、顧客に内在する「不満」や「不快」「不平」を見つけ出し、それらを取り払う（解決策を考える）のがソリューションです。

ちなみに課題解決では、課題を抱えている人を主役として捉えます。課題そのものを対象とするのではなく、課題を持っている人を対象にして解決策を考えていきます。

たとえば、ディスカウントストアで大量の商品群の中から「目当ての商品」を探し出すのに困難やストレスを感じている人がいれば、カテゴリーごとにしっかり整理された陳列を行うことが一つの解決策となるでしょう。スマホを使って「目当ての商品」の陳列場所を探すことができれば、その人の抱えている不満を取り除くことができます。

しかし、不満を取り除いても、それだけで満足に変わることはありません。不満をなくすというのは、マイナス要素を減らすことであって、プラス要素を増やすことではないからです。満足はプラス感情であって、マイナス感情がなくなれば得られるわけではありません。

図05 ソリューションとイノベーションの違い

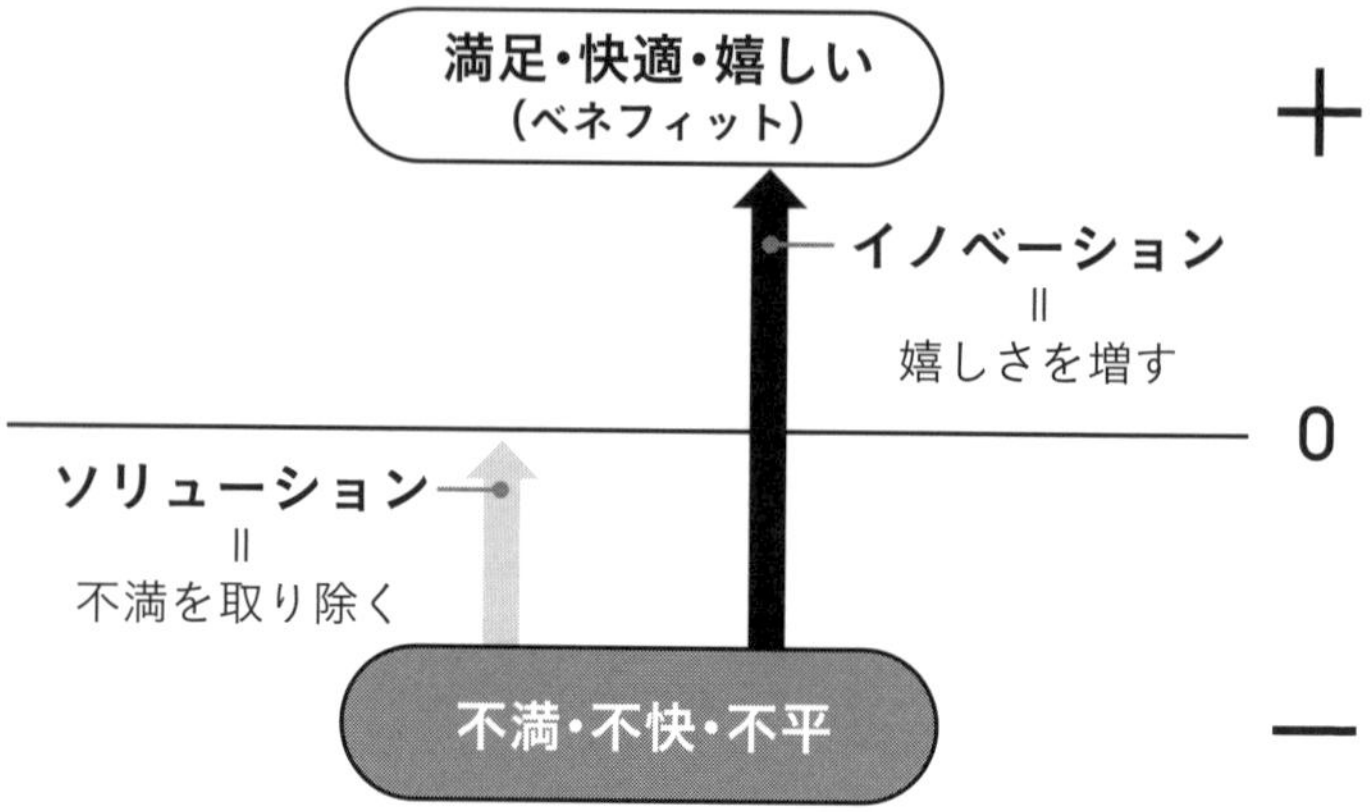

つまり、課題を抱えている人には、プラスを提供することで、はじめて「満足」に変わります。

「満足」を実現するには、新たな経験を提供し、嬉しさを増す必要があるのです。

「不満・不平・不快」を取り除くだけではなく、さらに「嬉しさ」を増すことこそがイノベーションです。

ちなみに、話題の対話型AIサービスChatGPTで、ソリューションとイノベーションの違いを質問したところ、以下の回答が返ってきました（図6）。

図06 Chat GPTにソリューションとイノベーションの違いを聞いてみた

「ソリューション」と「イノベーション」は、概念としては異なります。

「ソリューション」は、問題や課題に対する解決策のことです。既存の製品やサービスを改善したり、新しい方法を提供することで問題を解決するものが含まれます。

「イノベーション」は、市場や産業において新しい価値を生み出す創造的なアイデアや製品、サービス、プロセス、ビジネスモデルなどのことを指します。イノベーションは、常に新しいものを生み出し続けることによって、市場や産業をリードすることができます。

一言で言えば、「ソリューション」は問題を解決することを目的としていますが、「イノベーション」は常に新しいものを生み出すことを目的としています。

2023.2.8 8：39am

5年前のセールスは、不満・不快・不平を取り除くことだけを求められていました。

しかし今は、それだけでは満足してもらえません。嬉しさを増すとか、新たな経験をさせてくれるといった方向にニーズが変わってきています。

マイナスを0にするだけでは不十分で、マイナスをプラスに持っていかなければいけないのです。

このようにマイナスをプラスにすることで、顧客の満足度（エンゲージメント）は高まります。

顧客エンゲージメントを高めるために

「LTVを高めたい」

クライアント企業のセールス部門から、このような言葉をよく聞きます。

LTVとは、Life-Time Value の頭文字をとった言葉です。直訳すると、生涯顧客売上、顧客からいただく売上額の総額、つまり顧客ごとの売上です。

新規の顧客を増やすより、既存顧客から追加発注（アップセル）や別サービスの契約（クロスセル）をもらうほうが、販売原価を6分の1に抑えることができます。（39社の調査結果

図07 「顧客一人あたりの売上増」×「新規顧客増」→営業成績UP

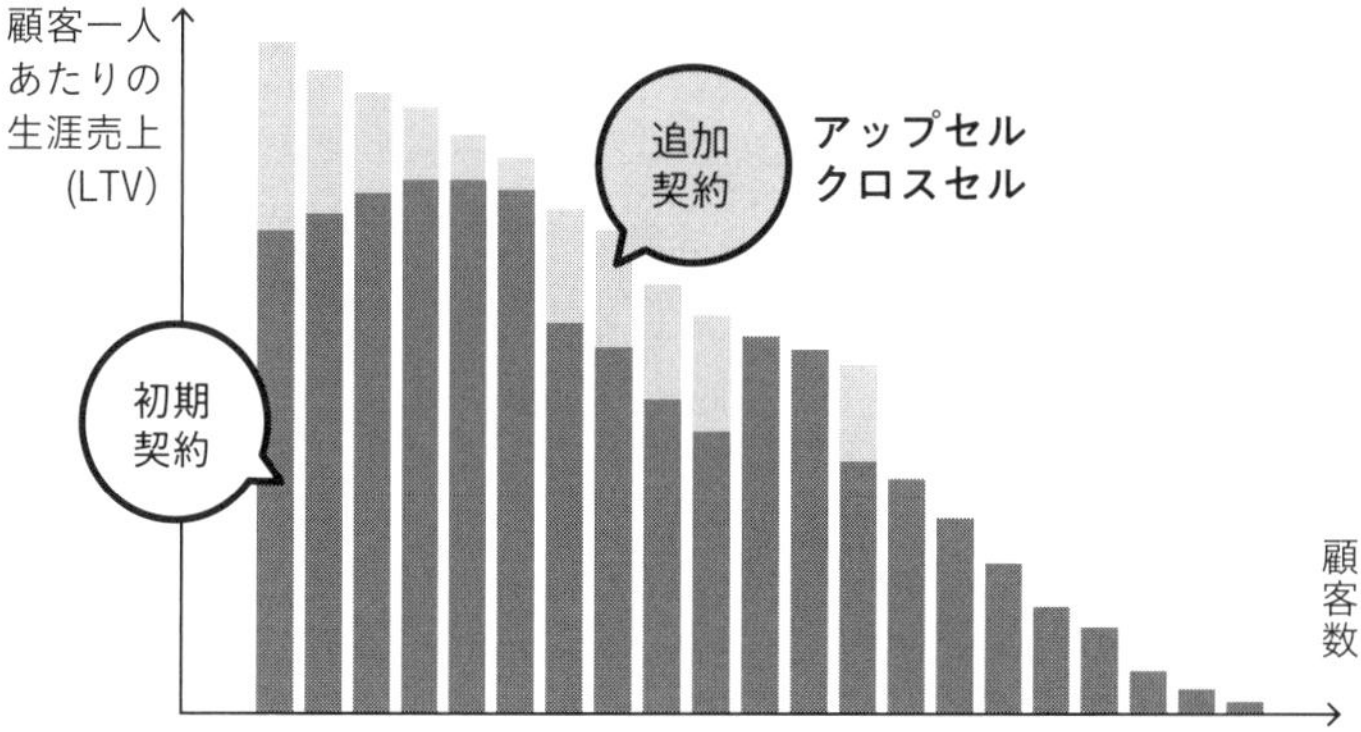

による。クロスリバー社調べ、2020年1月〜2022年3月)

このように顧客エンゲージメントを高めることによって利益率を上げる戦略をとる企業は増えています。

クライアント各社でも、カスタマーサクセスやインサイドセールスを増やしているのは、こうしたエンゲージメント向上によって、アップセルやクロスセルを増やすことを目指しているからです。

営業成績を安定させるためには、こうしたアップセルやクロスセルの追加契約によって、「**①顧客一人あたりの生涯売上**（LTV）**を増やす活動**」と、「**②新規顧客を増やす活動**」を共に行う必要があると感じています。

「不満を取り除くだけでなく、嬉しさも増してほしいと思っている顧客」
「顧客を満足させてLTVを高めたいのに、不満解消にばかり集中してしまうセールス」

この両者の差を埋めることが、セールスを成功に導くポイントになるのではないでしょうか。

では、**顧客の嬉しさを増すにはどうしたらよいのか？**

相手の「嬉しさ」を増すことを深く考える際に、人間が持つ欲求のメカニズムを理解しておくとよいでしょう。ここで「マズローの欲求5段階説」を紹介します。

アメリカの心理学者マズローの有名な学説では、欲求レベルは5段階あり、図8のように下から順に欲求レベルが上がっていきます。日本は発展途上国ではありませんので、生理的欲求や、安全欲求は満たされている人が多いと思われます。

その次は社会的欲求で、人間関係がうまくいくことや、相手から信頼される関係になることを望んでいきます。さらにその次の4段階目が尊厳欲求で、承認欲求ともいわれます。

17万人を対象とした働きがい調査では、この4番目の尊厳（承認）欲求に関する回答が

図08 マズローの欲求5段階説

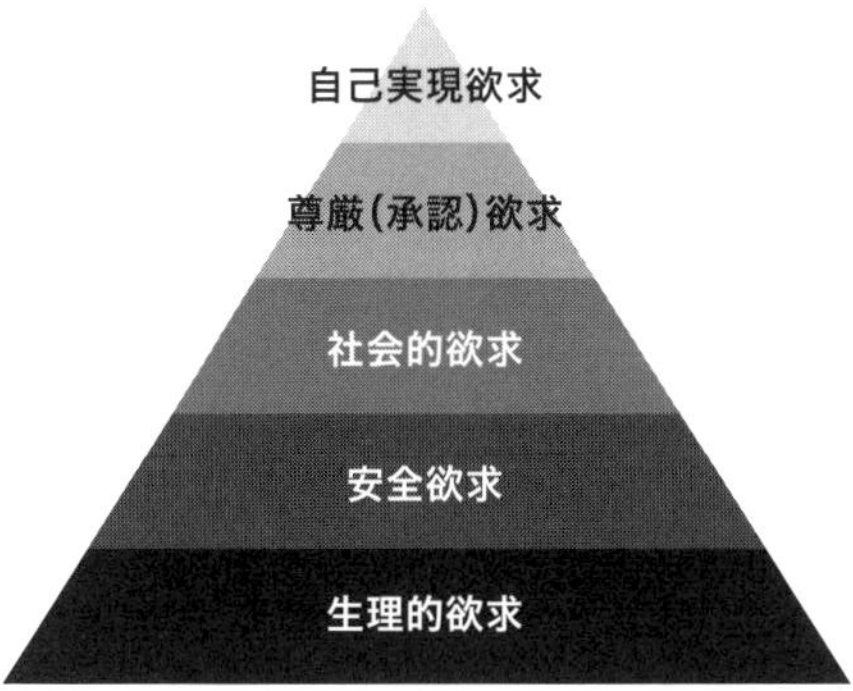

最も多かったです。「感謝されたとき」「社内でありがとうと言われたとき」「上司の上司に名前で呼んでもらったこと」などのコメントが続出しました。**相手の尊厳欲求を満たすことができれば、嬉しさが増し、プラス感情を持つことができる**わけです。

こうして相手の「嬉しさ」に着目することができれば、相手の満足を実現するプロセスが明確になります。**不満を取り除くことだけに注力しても相手を満足させることはできない**という問題の本質的な解決に目を向けることができるのです。

課題を抱えている人にフォーカスして、その人の「不満・不平・不快」を取り除きつつ、新たな経験や嬉しさを増すことを提案できれば、イノベーションを起こすことができます。言いかえれば、**セールスが今日顧客から求められているのは、ソリューションからイノベーションへとアップグレードすること**なのです。

顧客が求めているのは、インフォメーションではなくインサイト

セールスの情報収集、つまりインプットにおいて必要なことは何でしょうか？

たとえば、グーグル検索は効率的に情報を収集することができます。

しかし、その検索結果そのものには価値がありません。

たとえばレポートや提案資料を作成するとき、グーグルで検索した結果だけをまとめても意味のないことはお分かりかと思います。検索結果は容易に入手可能ですので、それをレポートに並び立てても、上司や顧客などのビジネス相手がそこに大きな価値を見出すことはないわけです。

顧客が求めているのは情報そのものではなく、さまざまな情報の中から何が分かるか、です。つまり、断片的なインフォメーションではなく、インフォメーションから得られるインサイト（洞察）を欲しているのです。

たとえば、ブラジルのサンパウロで売っているトマトの価格を、わざわざ飛行機でサンパウロまで行って調べていたら時間もお金もかかりますが、グーグルで検索すれば、サンパウロでのトマトの市場価格を知ることができます。

しかしながら、グーグル検索で得られるような情報は、インターネットとデバイスがあれば誰でも入手できますので、そこに大きな価値は発生しません。せいぜい探す時間が節約できるぐらい。それだけの価値です。

そこにお金を払うお客さんはいないのです。

顧客が得たいのは、インフォメーションではなくてインサイト。複合的な情報からどのような洞察が得られるのか――上司や顧客にとって価値があるのは、そこなのです。

パソコンを売るケースを考えてみましょう。

「最新のCPUが入っていて、メモリが16GBもあります。グラフィックボードもあって、通常20万円のところを、今回は18万円で提供します」

既にパソコンを購入することを決めている顧客には、こうしたインフォメーションは効果があります。しかし、セールスが対応する際に既に顧客が購入を決定しているケースは2割程度。残り8割は、まだ検討段階の見込み客です。

検討段階の見込み客が求めているのは、インサイトです。CPUやメモリ、グラフィックボードの有無といった製品スペックではなく、そのスペックが自分にどのような価値をもたらすのかを知りたいのです。

「動画を編集する場合は、2年前のパソコンに比べて20%早く処理ができるので、イライラが減ります」

「パワーポイントやエクセルが固まることなく、スムーズに作業ができます」

こうしたセールストークにより、このパソコンを買うとストレスが減るとか、作業時間が短縮できて自分の時間をつくることができるといったことがイメージできたら、検討段階が前へ進みます。その製品がもたらす効果と費用が見合うかを検討するフェーズに移るのです。

そこでセールスに求められるのは、製品スペックだけを丸暗記することではなく、潜在顧客のニーズを理解して、製品価値を適切に説明することです。
相手が20代の方なのか、年配の方なのかによっても、説明の仕方は異なるでしょう。

インフォメーションではなく、インサイト。スペックではなく、相手にもたらす価値。

相手が求めることを理解して営業活動することが求められます。

営業資料の〝忖度ページ〟の8割は読まれてもいなかった

6年にわたる約17万人の行動調査で分かったことですが、**働く時間の約14％が資料作成に費やされていました**。たった14％と思うかもしれませんが、2022年の年間所定労働時間は1909時間23分ですから、年に267時間も資料を作っているのです。

作成する資料には、顧客向けの提案資料も含まれます。

この提案資料の中にもムダがありました。

私たちは各企業に協力してもらい、パワーポイントで作成された資料を合計5万ファイル集めました。

その中には、顧客から指示されていないのに追加したページが多数存在しました。

個別ヒアリング調査によると、既存の顧客に対して、**指示されていないのに忖度をしてページを増やした経験があるセールスは68％いました**。

作成した顧客向け資料に対して調査をしたところ、こうした顧客に対する過剰な気遣いによって作成された〝忖度ページ〟が資料の24％を占めていたことが分かりました。

さらに衝撃的だったことに、**その〝忖度ページ〟の約8割は、結果的に顧客に見られてすらいなかった**のです。

また、各企業にはパワポ職人と呼ばれる人がいます。

パワーポイントのさまざまな機能を使って美しい資料を作ることが得意な人です。

営業部門にも、そのような「パワポ職人」がいます。

しかし調べたところ、残酷にも、**営業部門の「パワポ職人」でトップ5％セールスに入っている人は13％しかいない**のです。

パワポを美しく作成するスキルを持っているのは素晴らしいことです。それを活かすことはできます。

しかし、「売る」という行為と「美しい営業資料を作る」という行為の間に、因果関係を見出すことはできませんでした。

時間をかけて美しいデザインの資料を作れば作るほど営業成績が右肩上がりに上がって

いくという関係は見出せなかったのです。

当たり前のことですが、資料作成は手段です。

営業部門では、相手から契約をもらうための手段として資料を作っているのです。

美しい資料を作るという手段を目的にしてしまうと、本来達成すべき営業目標は達成できません。

「分かりにくい資料」の正体

では、顧客はどのような資料を嫌がり、どのような資料を求めているのでしょうか？

826名の意思決定者に対して700時間を超えるヒアリングを行い、AIで分析して、「分かりにくい資料」の正体を明らかにしました。

意思決定どころか、閲覧すらされなかった資料に共通するポイントを探ったのです。

「分かりにくい資料」とは、端的にいえば、情報量が多すぎて目が疲れる資料です。作成者が良かれと思って大量の情報を資料に記載し、それが逆効果になって「分かりにくい資料」という烙印が押されてしまうのです。

人は情報の約7割を「視覚」を通じて脳に入れるといわれています。

資料を受け取った相手は、「視覚」を通じて、目が疲れることなく、頭に入れたいそうです。


一方、目が疲れず「分かりやすい資料」はどういったものか、同じく意思決定者にヒアリングしました。

すると、**78%の意思決定者は、「パッと分かる資料」を好んでいる**ことが分かりました。

さらに掘り下げて質問し、7種のサンプル資料のうち、どれが分かりやすいかを比較したところ、「10秒程度で要点が分かる資料」が「分かりやすい」と判定されやすいことが分かりました。

「要点が分かると、そのあとに詳細な情報を知りたくなる」と発言した方が多数いました。

つまり、**10秒で要点を伝えて興味を持ってもらうことができれば、その先の情報を見てくれる**ことが分かったのです。

逆にいえば、いきなり詳細な情報を出しても、それも読んでもらえるかどうかは分からないのです。

「分かりやすい資料であると、意思決定をスムーズに行うことができますか？」の問いに対して、83％の人が「YES」と答えています。

のちに4513人で行った実証実験で「分かりやすい」と評価された提案資料は、そうでないものよりも成約率が2・2倍も高いことが分かりました。

この調査で分かったことは、資料を見た最初の10秒で判定が行われ、「分かりやすい資料」と判断されれば、人を動かす確率が上がる、ということです。

「顧客に多くのことを伝えるために、時間をかけて豪華な資料を作成するセールス」
「10秒で要点がパッと分かる資料を求める顧客」

豪華な資料を作ることが目的になると、時間が奪われて、営業成績を残すことができません。

顧客とセールスは「共感・共創」関係へ

かつてのトップセールスが苦しんでいます。

かつて好成績を残したセールスが、成果が安定しないという話をよく聞きます。

「足で稼ぐセールスはもう通用しない」。このようなタクシー広告も見ました。

確かに、今では足を運ばなくても、オンラインで営業ができるようになっています。

しかし、かつてのトップセールスが悩んでいるのは、営業ツールが「変化」したからではありません。**営業ツールに対応できなくなっているのではなく、顧客のニーズに対応できなくなっているのです。**顧客の志向が「変化」したから、かつてと同じ手法で成果を残すことが難しくなっているのです。

コロナ前の2019年、リモートでのプレゼンを望む顧客はわずか0・5％でした

しかし約4年後の2023年現在ではその50倍、**25・3％の顧客がリモートプレゼンを希望**しています。

今後もこの形態は継続、定着していくと考えます。

かつてのトップセールスは、場の空気や相手の表情の微妙な変化、感情の機微を読みながら成約へつなげることが得意でした。

相手の言うことを聞き、愚直に対応することで信頼を得ることができていました。

接待を繰り返し、お酒の席を盛り上げて顧客を気持ち良くさせていたのです。

しかし、コロナ禍ではそのような場を設定することが難しくなりました。

接待することで喜んでくれていた顧客は年齢を重ね、世代交代を余儀なくされます。

かつて良くしてくれた顧客も、担当者が世代交代して決定権を持たなくなれば、それまでのような売り上げは期待できません。

人に依存度が高い営業活動をすると、人事異動や転職、転勤などにより、売上を大きく落とす可能性があります。

接待をもとにした人間関係の構築は、セールスのことが好きだったのではなく、お酒が好きだったのかもしれません。

つまり、かつてのトップセールスが苦しむ理由の一つは、依存度の高さなのです。

また、顧客の志向も変化しています。

モノ消費が中心だった時代には、「高機能で低価格なモノ」が売れるという、画一的な成功パターンがありました。当時、イノベーションは研究開発室で生まれて、現場は経営陣が決めたことを言われたとおりにやれば売り上げは右肩上がりという「モノ消費社会」だったのです。

しかし現在は、**「モノ消費」から「コト消費」**へと大きく変わってきています。

顧客は、高機能で低価格かどうか（モノ）よりも、その商品やサービスが自分にどんな体験をさせてくれるのか（コト）を重視するようになりました。

また、顧客の価値観が複雑で、急速に変化するようになりました。そうなると、営業担当者が一個人で顧客の課題を解決するのは難しくなります。社内外の人に協力してもらって、チームで解決する必要が出てきます。

かつてトップセールスであった人は概して、プライドが高く一匹狼タイプで、巻き込み力は決して高くなかったりします。周りの人たちを巻き込んで解決する経験が少ないのです。

共に解決策を模索するパートナー関係に

顧客側も戸惑っています。

変化が激しく不確実な現代では、何が課題であるのかも分からなくなっています。

「このままではまずい。でも何をどうしたらよいのか分からない……」

このように発言する意思決定者が、ここ数年で増えました。

激しい変化の波は、セールスと顧客の双方に襲いかかっているのです。

そこで、顧客の心情に変化がでてきました。

問題を抱えたら、それを一緒に解決してくれる相手として、セールスを見ています。明確な上下関係ではなく、現状に共感を示して、共に解決策を模索していくパートナー同士としての「顧客─営業担当者」の関係になってきたといえます。

私はこれを「**共感・共創関係**」と呼んでいます。

一方的に提案するのではなく、また一方的に依頼するのではなく、お互いにメリットがあるＷＩＮ－ＷＩＮ関係を構築することで両者が存続するという状況です。

共感・共創のゴールは、「顧客にとって、営業担当者が頼りになる存在になること」です。

便利な製品やサービスを売るだけでなく、顧客の問題に気づき、一緒に解決方法を考えていくことで、「課題を設定して、その解決策を一緒に考えてくれる存在＝営業担当者」になるのです。

顧客にとって「頼りになる存在」になることができれば、また何か困ったことや問題が発生したときに相談してもらえるようになります。

顧客のニーズをつかみやすくなるだけでなく、似たような製品・サービスが出てきたときにも「この人から買いたい」と選んでもらえることにもつながれば、営業機会は増えて成果を出しやすくなります。

第2章

5%セールスの意外な共通点

5%セールスの61%は「プレゼンが苦手」

トップの営業成績を残す人は華麗なプレゼンテーションをするものだと思っていました。しかし、実際には人前で話すと緊張する人が多く、**プレゼンテーションは苦手であると答える5%セールスは全体の61%もいた**のです。

一方、95%セールスの中でプレゼンが苦手であると答えたのは27%しかいませんでした。単純にこの調査結果からすると、**「プレゼンが得意＝営業成績が良い」という因果関係はない**ようです。

顧客へのヒアリングで分かったのは、5%セールスは話し上手というより聞き上手ということです。

同じ社内で同僚にランダム・ヒアリング（対象者および回答者を無差別にピックアップして調査）をすると、78%の回答が「あの人は聞き上手」と答えていました。

話を聞いてくれるセールスは、顧客にとって好印象です。

言いかえれば、聞き方一つで相手に好印象を持たせることができるのです。


では、聞き上手とは、どういうことでしょうか。

そこには、テクニックや相手との関係性といったものもあるでしょう。

しかし、顧客や同僚から「聞き上手」と評価されるのは、それだけではありません。

相手に好印象を与えるポイントは、「**聞いている姿を相手に見せること**」にあるのです。


情報のほとんどは目から入ってくるといわれています。5％セールスはその視覚を使って、「（相手の話を）しっかり聞いていますよ」と、相手に見せているのです。

5％セールスは、深くうなずき、あいづちを打ち、相手が話しているのをさえぎって話すことは決してしないようにしているそうです。


拙著『ＡＩ分析でわかった トップ５％リーダーの習慣』でも、５％リーダーは一般の管理職の方に比べて、３・５～４センチ以上うなずきが深いという話を紹介しました。

5%セールスは、うなずきが深いというより、ゆっくりなのだそうです。**うなずきがゆっくりだと、共感を示していることが伝わり、相手が安心する**のです。特にまだ関係性が浅い相手との対話においてゆっくりうなずくことが多いそうです。

さらに、5%セールスはメモをとっている姿を見せます。パソコンやスマホでメモをとることはできますが、文字入力の動作は相手に冷たく見えてしまうことがあります。また文字入力のキーボードを打つ音がうるさい印象を与える可能性もあります。

そこで5%セールスは、目の前でノートを広げてメモをとる様子を見せていました。パソコンでメモをとるときは、相手に許可をとっていました。許可をとらずにメモをとると、違う仕事（=内職）をしているのではないかと疑われてしまうからです。

「今すごく大切なことをおっしゃったので、メモをとらせてもらってよろしいですか？」

このような一言を発するだけで、相手に興味・関心を持っていることを理解させることができます。

うなずきやメモをとるシーンが見えることで、心を傾けて「聞いている」ことが伝わり、相手も心を開いてくれるのです。

5%セールスの75%は「ラッキーパンチ」で大型案件を獲得

多くのセールスがラッキーパンチを経験しています。

ラッキーパンチとは、ボクシングの試合で弱い選手が出したパンチがたまたま強い相手にクリーンヒットして、ダメージを与えることです。転じて、自分の実力と関係なく、タイミングや運で大型案件を獲得することをいいます。

さほど重要視していなかった顧客から高額な一括発注をいただいたり、ふらっと店舗に立ち寄った顧客が高額商品を即決購入してくださったりするようなケースです。

5%セールスにもラッキーパンチはあります。**5%セールスの75%は、運で獲得した大型案件があると言っていました。**

5%セールスが「運」を味方につけるためにやっていることを、ここでは2つ紹介します。

セレンディピティを獲得するために行動を増やす

5%セールスは、偶然のラッキーを〝必然〟にすることに注力していました。

ここでセールスにおけるラッキーパンチとはどんなものか、もう少し具体的に見てみましょう。たとえば、トップセールスの〝おこぼれ〟です。

部門の業績に大きなインパクトを与える重要商談は、社長同士のトップセールスによってもたらされたもの、もしくは会社の業績に目をつけた大手企業側から問い合わせが来たものです。後者は代表電話や会社ホームページへ連絡が来ることがあります。

こうした大型商談を成功させれば大きな売り上げが見込めますし、単なる個別商談ではなく会社間の業務提携に拡大すれば、長期間に渡り安定した売り上げを獲得できます。

このような社長同士のやりとりや代表電話によって受けた商談は、各社のトップ5%セールスが対応することが多く、それが彼らの「連続成果」に繋がっているケースが多数ありました。

5%セールスへのアンケートによると、こうしたトップセールスや業務提携に関する初期対応を経験した5%セールスは79%いました。

そうした大切な商談を任せてもらえるのは、それまで信頼を積み重ねていたからだと、5%セールスの人たちは教えてくれました。入りたての新人や、成績が良くないメンバーに重要な商談を任せることはありません。商談成約率のアップダウンが激しくなく、着実に実績を積み上げていた人に「重要商談」が降ってくるのです。

このように向こうから降ってきたような幸運を「セレンディピティ」といいます。5%セールスは、安定して成果を出しつつも、セレンディピティで大型案件を手にしていました。

そして、セレンディピティに気づくように意識していたそうです。**セレンディピティを引き寄せるために、普段から信頼を積み重ねていたのです。**

また、5%セールスは**セレンディピティを増やすために、成功をイメージしながら行動量を増やしていくことを意識している**そうです。

たとえば、オンラインセミナーに参加して、参加者同士で情報交換する。

社内の懇親会に参加して、普段話さない部門の人に話しかける。

打算的な活動をするというよりは、行動量を増やして、接する人を多くすることで、人からもたらされる「セレンディピティ」を獲得しようとしていたようです。
こうした行動量を増やす動きは、各社の5%セールスに共通する習慣でした。

セレンディピティを獲得した「後」の行動で差をつける

5%セールスの75%は、運で獲得した大型案件があると言っていたと先ほどお話ししました。しかし、実はトップ5%よりもトップ20%セールスのほうがラッキーパンチの比率はむしろ高かったのです。

調査したところ、5%セールスと20%セールスの違いは、ラッキーな案件を獲得した「後」の行動にありました。

5%セールスは、ラッキーな案件を獲得したら、その幸運がどうやってもたらされて、再び幸運を獲得するにはどのような行動をすべきかを考えていたのです。

たとえば、製造業でラッキーな案件を獲得した5%セールスは、同じ製造業の他の潜在顧客にも提案するという新たな試みをしていました。

5%セールスは、再現性が高い「勝ち筋」を見つけることに注力しています。

ラッキーな案件にも「勝ち筋」があると信じ、小さな行動実験をしていたのです。

5%セールスの人たちは、成功をイメージしながら行動量を増やすことでセレンディピティを獲得していました。

そして獲得した後も、ただのラッキーパンチに終わらせることなく、再現性を高めるための行動実験を行っていたことが分かったのです。

5%セールスの62%は「ストレスの発散法」を持っている

ストレスが0になることはありません。

5%セールスも95%セールスも、誰しもストレスを感じています。

ストレスをなくすことは難しいでしょう。しかし5%セールスは、ストレスがあっても**対処する手段を複数持っておくことで、精神的なダメージを抑えている**そうです。

こうしたストレスへの接し方が、行動を止めることなく継続する力に影響を与えているようです。

レジリエンスという言葉を聞いたことはありますか?

レジリエンスとは、心理学において、ストレスや困難な状況に適応する能力や強さを意味するだけでなく、そうした状況から回復する能力をも指します。

5％セールスへのヒアリングによると、ストレス発散方法を持っていると答えた方が62％いました。同じ質問を95％セールスに投げると21％でしたので、ストレスとの付き合い方を知っている人が多いのが5％セールスといえるでしょう。

私はストレスに耐え切れず、過去に2度も精神疾患になったことがあります。

個人的にストレス発散方法を知りたかったので、ヒアリングに同行しました。

ヒアリングを通じて分かったのは、**5％セールスはストレスに強いのではなく、ストレスを忘れる手段を複数持っている**ということでした。

5％セールスは、釣りやキャンプ、マラソン、ゴルフ、オートバイや車など、複数の趣味を持っている方が多かったです。「**趣味のために働いている**」と**答えた人の比率は、95％セールスの5・3倍**でした。

水泳でレジリエンスを高めている方もいました。

大手メーカーに勤務する5％セールスは、北米マーケットを担当し、現地に出向くことも多いそうです。

17時間の時差を克服するために、ホテルに着いたらプールでリラックスしてゆっくり泳ぎ、体を軽く疲れさせることで夜に熟睡できるのだとか。軽い運動と深い睡眠で、時差ボケを解消し、ストレスも発散させているそうです。

また、**「推し活」**をしている方も多かったです。歌手や芸術家などのクリエイターを応援し、コンサートや展示会に足を運んでいる方々です。

帯広畜産大学の教授で心理学者である渡邊芳之氏の研究によると、「推し活」によって得られる心理的効果は多岐にわたるそうです。

同じ趣味や興味を持つ人とのコミュニケーションを促進することで孤独感を軽減することができると考えられているとのこと。さらには「推し活」を通じて個人が自分自身の価値を高めることができるため、自己肯定感が向上するそうです。

また、自分が好きなものに集中することでストレスや緊張感から解放されることも分かっているようです。

人を応援する時間によって得られる効力感や幸福感は、レジリエンスの強化につながるようです。

5%セールスが作る資料の55%は3色以内、「白」でインパクトを残す

5%セールスが顧客や上司へ提示する資料（スライド）を分析したところ、使用するカラーについて特異点を発見しました。

まず、**低彩度のカラーが多く使われている**ことです。目がチカチカするような高彩度の原色を使わず、目が疲れにくく見やすい低彩度のものが使われている確率が高かったのです。

また**使用する色の数は少ない傾向にありました**。

5%セールスの資料は3色以内である割合が55%で、95%セールスは29%でした。

5%セールスは、なかでも2色以内に抑える傾向にあることも分かっています。

5%セールスの資料を分析して驚いたのが、「**白抜き文字**」の頻度の多さです。タイトルや重要なポイントの多くに「白抜き文字」が使われていました。

図09 5％セールスが作成するスライドの色数

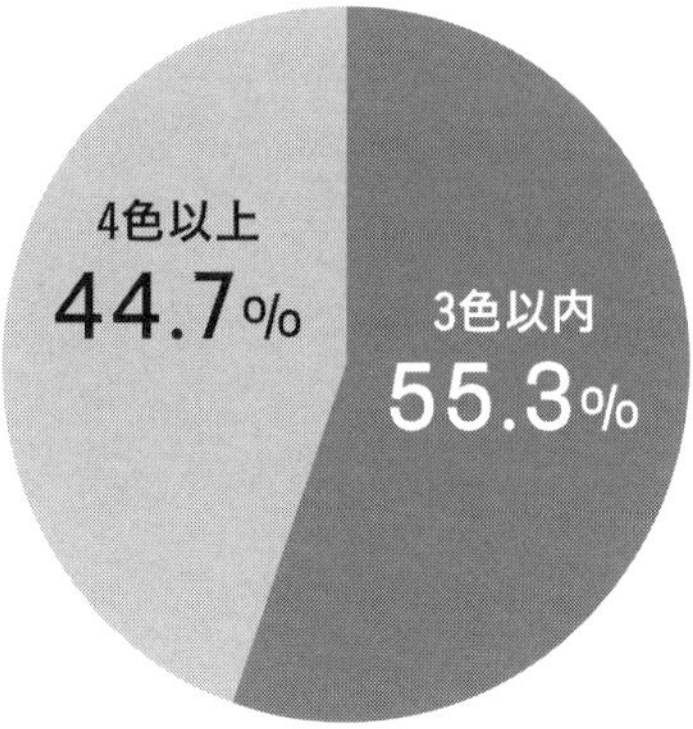

図10 95％セールスが作成するスライドの色数

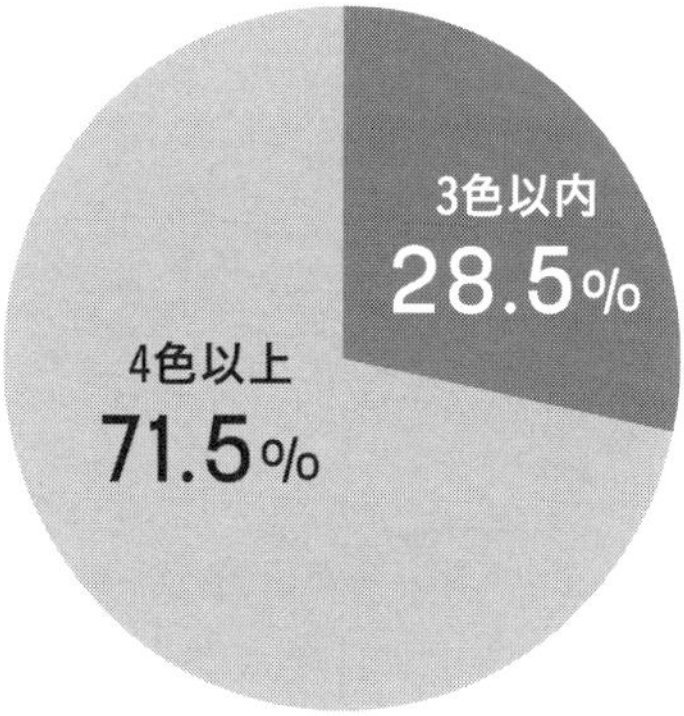

図11 5%セールスが作成する3色以内スライドの色数

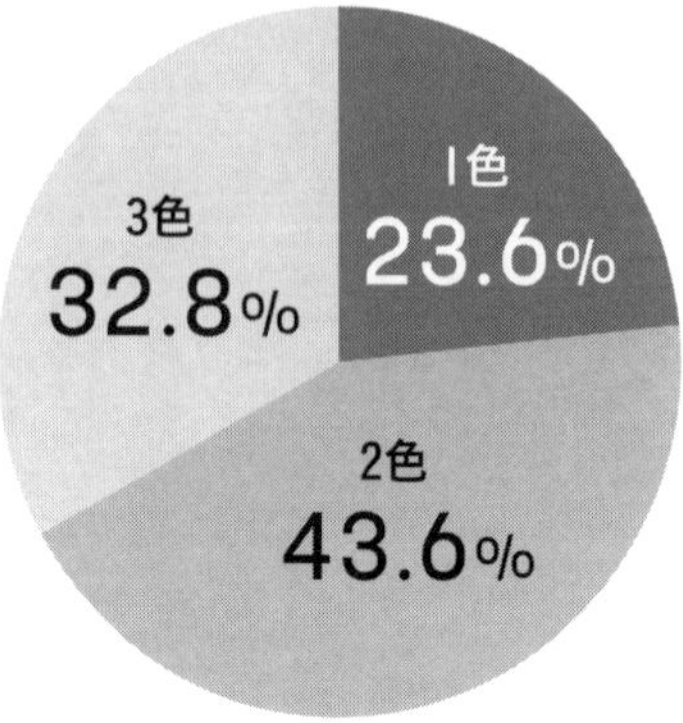

95%セールスは、目立たせようとして赤や黄を使う頻度が多いのですが、印象に残りやすいのは「白抜き文字」のほうなのです。

テレビの情報番組などを注意深く見ていると、出てくるテロップの多くは白抜き文字であることに気づきます。視聴数が多いユーチューブ動画のサムネイルやテロップも白抜き文字が多いです。読みやすく、頭に残りやすい視覚効果を狙ってのことでしょう。

提案資料や社内稟議資料、企画書など相手を動かすことに成功した資料は、相対的にシンプルなものが多かったです。見栄えよりも内容に注力し、重要なことに絞って情報を記載し、相手に伝わってOKと言わせることができれば成功です。

5％セールスが作成した成功資料の多くも、**スライドの文字数は1枚につき100文字前後、色数は**（**文字色を除く**）**2色以内に**抑えられていました。画像・アイコンはさらに少なく、対面プレゼンの際は4個以内、オンラインプレゼンでは2個以内に抑えているものが多かったのです。

5％セールスは、資料においても相手を起点に作成していました。脳を疲れさせずに重要な情報が伝わるように工夫をしていたのです。

さらに、5％セールスは「**相手にメモをとらせたい言葉を事前に決めている**」と言っていました。

思い通りに相手を動かすことをコミュニケーションの目的と捉えている5％セールスは、重要なポイントにフォーカスしてもらうように、情報を絞って、視覚で誘導しているそうです。

説明後の行動を誘発するように、記憶に残してほしいことを事前に決めて、それをメモにとってもらうように、資料のデザインと説明方法を調整していたのです。

5%セールスはあえて「アナログツール」を活用する

5%セールスは、顧客の意見をホワイトボードに書き出したり、手帳にメモをとったりしています。

ある通信業の5%セールスは、在宅勤務でのオンライン商談で黒板を使ったそうです。3千円でネット購入した黒板シートを壁に立てかけ、白いチョークで図を描いて説明したといいます。

黒板を使ってオンラインプレゼンするセールスが少ないことを十分に理解したうえで、〝あえて〟それを活用して、相手の印象に残すことに成功したわけです。

一見、手帳や黒板などのアナログツールは、持ち運びや記録などの点で効率が悪いように見えます。しかし、何度も見返すことができるメリットがありますし、また相手の印象に残す目的であれば、十分に効果があると考えているそうです。

ＩＴが得意でない人は、世の中にまだまだいます。

テクノロジーをバリバリ使うことでドライな印象を持たれてしまわないよう、5％セールスは、相手の状況によってアナログツールを使うようにしているそうです。商談相手にあえてアナログツールを使っているところを見せると言う人もいました。

ただしアナログツールだけに頼っていては作業効率が下がるため、**5％セールスは、相手との関係性や環境によってアナログツールとデジタルツールを使い分けている**のです。

ホワイトボードで冷静に情報を整理する

また5％セールスは、議論が白熱したり双方の意見が衝突したりしたときは、状況を冷静に捉えるために、ホワイトボードや黒板を使って情報を整理していることが分かりました。

こうした情報の見える化によって相手を落ち着かせ、感情の衝突から回避して、論理的なすり合わせに誘導していたのです。

COLUMN

5%セールスが活用していたSPIN話法

SPIN話法とは、イギリスの行動心理学者であるニール・ラッカム氏の著書『SPIN Selling』で紹介されて有名になった、セールスにおいて問題を明確にするためのテクニックです。ラッカムが自ら設立したハスウェイト社で12年間にわたって3万5000件以上の商談を調査・分析した結果をもとに体系化されました。

SPINは、Situation, Problem, Implication, Need-payoffの頭文字をとったもので、顧客の現状（Situation）、問題（Problem）、その問題がもたらす影響（Implication）、そして顧客が解決することで得られるメリット（Need-payoff）を明確にすることを目的としています。このアプローチによって、顧客の課題を理解し、その課題に対するソリューションを提示することが可能となります。

SPINのステップを行うことで、セールスは次の2つを得ることができます。

■顧客のニーズを「引き出す」ことができるようになる
■相手のニーズを理解し共感できるようになるので、共創につなげることができる

ほとんどの顧客は自覚している顕在ニーズを語りますが、SPIN話法により顧客の共感を引き出す質問や課題の明確化につながる質問などを織り交ぜることで、顧客自身も自覚していなかった潜在ニーズを引き出すことができます。

SPIN話法は、顧客のニーズを探るだけでなく、顧客が購入に対して前向きな姿勢にすることもできます。

単純に商品のスペックを説明しているだけでは、顧客は購入に積極的になってくれない可能性があります。SPIN話法による質問と回答を通じて、課題を解決した際のメリットを認識してもらうことができるのです。

第3章

95%セールスが良かれと思ってやってしまうこと

95%セールスは「ダ行」で会話を始める

最初から無駄だと思ってやっている人はいません。

あとで振り返ってみて、やったことが無駄だったと気づくのです。

では、何が無駄だったのでしょうか。

2・1万人に実施した行動実験では、まずはじめに内省（リフレクション）をします。

これまで実行してきたこと、そして成果につながったもの、つながらなかったものを仕分けしてもらうのです。

良かれと思ってやっていたが、振り返ってみると成果から遠ざかる結果となっていた、95%セールスに「よくあるムダ」を紹介します。

＊　＊

私たちは5年以上にわたって、トップ5％社員の言動を調査・分析しています。5％社員だけでなく、95％社員もランダムに選出して調査を行うことで、5％社員の特異性を明らかにしようとしています。

会議での発言は、ＡＩを使って文字に変換することができます。

さらにＡＩで単語を分析して、使用頻度が多い言葉やポジティブな発言が多いかどうかといったことを調査しました。

すると、5％セールスと95％セールスで、ポジティブ発言とネガティブ発言の比率はさほど変わりはありませんでした。

ただ、**「頑張っているが成果が出ない人」のよく使う言葉を調べてみると、「ダ行」で発言を始めることが多い**ことが分かりました。

「だけど」「でも」「ですが」「どうしても」といった言葉を使ってしまうのです。

相手から提言されても「ですが」で返し、時間に遅れてくると「どうしても」と発言してしまう確率が、5％セールスよりも高かったのです。

95％セールスの調査で、顧客への謝罪訪問でも「ダ行」を使ってしまうセールスが多いことが分かりました。

システム障害や製品不具合で企業顧客に迷惑をかけた場合に、訪問して謝罪することがあります。

私も前職マイクロソフトに所属した際に、最高品質責任者として500件以上の謝罪訪問を経験しました。確かに、謝罪訪問時に「ダ行」で話し始めるセールスは顧客対応が下手でした。

顧客が怒り心頭の際に、「ダ行」で話をすると相手の沸点が上がります。

とくに頭を下げることが目的であると勘違いしているセールスは、「だけど」「ですが」「どうしても」とダ行を使い、相手の感情を逆なでします。

「だ」「で」「ど」などの濁音も、耳障りになるようです。

5％セールスは「サ行」で褒める

相手の状況を理解し、イカリ（怒り）をリカイ（理解）に変えることを目的に謝罪訪問する5％セールスは、言葉選びに慎重です。相手が気に障りそうなNGワードは使わず、言い訳に捉えられてしまう「ですが」「どうしても」といった言葉は使いません。

もちろん、否定しなくてはいけない場面はどうしても出てきます。そんなとき、5%セールスは、「ダ行」ではなく、「サ行」の「**しかしながら**」「**そうではありますが**」と使うことが多いようです。

5%セールスは社内でも「サ行」をよく使います。

相手が主役のコミュニケーションをとるのが5%セールスですので、相手に喋らせます。相手に話をさせるために、褒め方にも工夫が見られました。

彼らは「さしすせそ」を使って同僚を褒めることが多いです。

「**さすが**」「**知らなかったです**」「**素敵ですね**」といった言葉で褒めていました。

調査後に知ったのですが、キャバクラ嬢も同じように「サ行」を使ってお客を褒めるそうです。「さしすせそ」で褒めると相手が喜ぶのは、ビジネスでも夜のシーンでも同じなのでしょう。

また、5%セールスは、ディスカッションの際にも「サ行」を使います。

職責が違う人やバックグラウンドが異なる人と仕事をしなくてはいけません。

同じ価値観の人だけで仕事を進めていくのは無理です。

意見が異なる人たちとすり合わせていくのが社内会議の目的だと、5％セールスは発言していました。

会議のなるべく前半に「さらに、こういうことができるんじゃないか」とか「そもそも、この課題は……」と、「**さらに**」と「**そもそも**」で議論を広げたり深めたりして、参加者たちの意見を引き出し、調整していこうとしていました。

そして最終的にアクションが決まるように、意見をすり合わせるのです。


95％社員はダ行ではじまる「だけど」「でも」「ですが」「どうしても」を使い、5％セールスは「さしすせそ」で褒める。

「さらに」と「そもそも」を使って会議で議論を深め、周囲のメンバーをアクションに導く5％セールス。

ちょっとした言葉の使い方で、相手の反応が大きく変わるものだと感心しました。

95%セールスはエスキモー全員に氷を売ろうとする

突然ですが、あなたはエスキモーに氷を売ることができますか？

エスキモーとは以前の呼び名で、アラスカからグリーンランドまでの極寒の地に住み、主として狩猟をして暮らしている人々（現在では居住地域によってイヌイットあるいはイヌピアットという）のことです。

「エスキモーに氷を売ってこい」と指示されたら、とりあえず極寒の地に行って、イヌイットの人たちを前に「どうすれば売れるだろう？」と「Ｈｏｗ」から入って、「氷を売る方法」ばかりを考えてしまうのが95％セールスです。そして「当社の氷は他社の氷より温度が低い」などと、商材の機能にばかりフォーカスしてしまいます。

一方、５％セールスは、「なぜ氷を売らないといけないのだろう？」と「Ｗｈｙ」から入ります。そして、氷を売る対象である「相手に興味を持つ」ことをします。

「氷を売る相手は、そもそもどういう人なのだろう？」
「その人にはどういう課題があって、どういう願望があるのだろう？」

5%セールスは、相手の課題や願望を起点に顧客を見ていきます。

「氷を欲している人はどんな人だろう？」
「氷には何ができるのだろう？」
「冷却能力がある？　だったら冷却能力を欲している人はどんな人だろう？」

このように、あくまで相手の抱える課題や願望にフォーカスして、「その課題が生まれたのはなぜだろう？」「その願望が生まれたのはなぜだろう？」というＷｈｙ思考で相手の本質的な不安や欲求にアプローチしていきます。

イヌイットに興味を持って調べてみると、グリーンランドの北部から南部へ移住して都市生活をする人が増えていることが分かります。さらに調べると、カナダのケベック州にあるモントリオールという都市に相当数のイヌイットがいることを知ることができます。

そこで都市部に住んでいるイヌイットにフォーカスして、たとえば「食材を腐らせないために氷を必要としている家庭」や「冷えた飲み物を提供するために氷を活用したい飲食店」などにアプローチ先を絞っていけば、氷を売ることができる確率は大きく高まるでしょう。

5％セールスはこのように相手のことを調べ、営業する先を狭めて、そこに向けてセールスを行います。一方95％セールスは調べる前に極寒の地に出向いて、イヌイット全員をターゲットにして氷を売ろうとしているのです。

ターゲットを具体的に定義して、チームで戦う

あなたは、「お金持ち」とはどういう人のことだと思いますか？

私たちがクライアント各社に提供している営業研修でこの質問をすると、さまざまな答えが返ってきます。

「働かなくてよいほど資産がある人」

「1億円持っている人」

「食べていくことに困らない収入がある人」

「年収1000万円の人」

参加者の答えはさまざまです。私の感覚ではどれも正解だと思います。

しかし、いざ営業をかける際には、各人のターゲット認識が異なっていては、協力してアプローチできません。チームで仮説を立てて、行動実験しながら成約率を高めるためには、チーム内での定義を合わせる必要があるのです。

ある医療機器販売の5%セールスは、同じ研修で次のように答えました。

「金融資産が3億円以上の人」

この回答に他の参加者がどよめき、このような反応が返ってきました。

「細かすぎるだろ」

「そんなに持っている人、ほとんどいないよ」

しかし、その5%セールスは次のように発言して、周囲の信頼を高めたのです。

「金融機関が提供しているプライベートバンキングの多くでは、金融資産が3億円以上と定義し、そこにターゲットを絞って特別なサービスを提供しています。この定義に当てはまる人口は300万人だそうです。

このように外部データや数字を使って「お金持ち」を具体的に定義すれば、チームの認識を統一できるのではないでしょうか」

こうしてターゲットを定義してチームで戦うのが、5％セールスの特徴のようです。

〈参考文献〉『エスキモーに氷を売る』（ジョン・スポールストラ著、きこ書房、2000）

95%セールスは自分が9割話してしまう

皆さんはＴＥＤをご存じでしょうか？　世界中の著名人や専門家が大勢の観客に囲まれて、資料を投影したり、身振り手振りのジェスチャーをしたりしながら自分の考えを発表する、いわゆるプレゼンテーション・ショーです。

これまでマイクロソフトの創業者であるビル・ゲイツや、アップルの生みの親であるスティーブ・ジョブズなども登壇し、テレビや動画配信サイトで紹介されています。

論理的な説明方法や豊かな表現力は確かに勉強になります、95%セールスの多くが視聴して、取り入れようとする人もいます。私もいつかあの場でプレゼンをしてみたいと思っています。

しかし、そもそもあのようなプレゼンテーションは必要でしょうか？

大勢の前でプレゼンすることが得意な人は、営業成績が良いでしょうか？

調査したところ、その答えは「NO」でした。

不特定多数の人に自社の製品やサービスをアピールするのは、セールスではなくマーケティングの仕事です。

マーケティングは、広告やSNS、イベントなどで認知拡大を行い、潜在顧客を創り出します。

B2B、つまり企業対企業の取引の場合、マーケティングで生成された案件を成約（購買）にもっていくために個社毎に対応するのがセールスです。

イベントやセミナーに登壇するのは、マーケティング担当が多いです。マーケティング担当は、多くの人の認知を変える責任を持ちますので、プレゼン力が高いほうが多くの人を惹きつけます。

最近では、エヴァンジェリストという肩書きの人も増え、まさにより多くの人を惹きつける役割を担っています。


セールスは大勢の前でプレゼンする力を持っていなくても、成果を出すことはできます。

セールスは、潜在顧客である目の前の相手に「YES」と言わせればよいのです。

ですから、成果を出し続けている5％セールスの中には、プレゼンが得意でない方も含まれています。

95％セールスは、プレゼンスキルを磨き、そして話し上手になろうとコミュニケーション力を磨こうとします。

商談で、時間の9割も話し続ける95％セールスは多くいます。

プレゼン上手な人の話は、下手な人よりも、聞いていて心地よくなるかもしれません。しかし、顧客の本来の目的は、プレゼンを聞くことではなく、自分たちの課題を解決することです。「心地よく聞きたい」というより、「私たちの考えを聞いてほしい」と思う人のほうが多いのです。要はプレゼンが下手でも、課題を解決してくれればよいわけです。解決のためには、個社の事情を理解し、それに合わせた解決策の提示が求められます。

相手のことが分かっていないのに、知ったかぶりをして一方的に話し続ける人が、「嫌われるセールス」です。

10年以上前のように、解決策が画一的でシンプルであれば、説明するだけで事足りるかもしれません。

現代では、顧客のニーズが複雑化して多様化していますので、一つの解決策で全ての顧客が救われる確率は下がっているのです。

「プレゼン術よりも、顧客のニーズを引き出す傾聴力のほうが重要である」

観光業の５％セールスがこのように発言していました。

顧客側にアンケートをとると、「聞き上手のセールスのほうが好感が持てる」と答えた方は51％、「話し上手のほうが好感を持てる」と答えた方は24％でした。

顧客の理解を促すために、一所懸命に話し続ければ相手に伝わるのかと思いきや、そうではなかったのです。

95%セールスは「うんざりプレゼン」をしてしまう

意思決定者826名を対象として、セールスのプレゼンに関する調査をしました。それによると意外にも、流暢に話す人、いわゆるプレゼンがうまい人への評価は必ずしも高くはなかったのです。

意思決定者は、身振りや話し方だけで流されないようにしていました。「話しがうまい人ほど、提案の中身をしっかり見る」と回答した人も多くいました。

話がうまくても、何が言いたいか分からないプレゼンは、内容が理解されません。そうしたプレゼンは共感されないだけではなく、相手にイライラを生み出していました。

ヒアリング結果をもとに、相手の共感を生む「すっきりプレゼン」と満足度が低い「うんざりプレゼン」を分類し、AI分析によってそれぞれの共通点を導きました。

「うんざりプレゼン」

■自己紹介の時間が「すっきりプレゼン」より2・4倍長い
■自社製品やサービスの説明がプレゼン全体の67％以上
■台本（スクリプト）を読み上げている確率は71％
■聞き手の36％が「要するに何なの？」と思っていた

「すっきりプレゼン」

■顧客名もしくは聞き手の名前を呼ぶ頻度は「うんざりプレゼン」の3・1倍
■冒頭で結論を伝える確率は61％
■数字やデータで他社の事例を紹介する確率は59％
■調査結果を引用する確率は72％
■ポジティブな用語を使う頻度は「うんざりプレゼン」の1・4倍

相手と共感できて満足度が高い「**すっきりプレゼン**」**は、下調べがしっかりされて、相手の興味や関心をしっかり掘り下げているもの**でした。相手の心に響くであろう「重要なこと」に絞り、端的な言葉で表現しているのが特異点です。

つまり、自分がほしいと思っているものをもらえるプレゼンです。温かいものが飲みたいことを察して、きちんとホットコーヒーを出しているのです。

このようなプレゼンが終わると、相手は「なるほど、そういうことか」という感情が生まれます。そして、その先の決定に良い影響を与えるのです。

5％セールスは必ずしも話が上手ではありませんが、相手に興味関心を持ち、しっかり準備して、相手を「すっきり」させることが得意なのです。

95％セールスは成功にこだわって行動が止まる

95％セールスは、失敗が怖いから行動が止まってしまうことがあります。
失敗が怖いから挑戦しないのです。
しかし、挑戦しなければ学びがありません。
学びがなければ、行動を進化させることができません。

95％セールスの中には以下のように考える人もいます。
「失敗するくらいだったらやらないほうがいい、失敗はマイナスだ」

失敗は本当にマイナスでしょうか？
失敗を避けていれば本当に成功するのでしょうか？

「失敗・失敗・失敗の先に成功があります」

5％セールスが堂々と言い放ってくれました。


私も失敗は成功のためのステップだと考えます。

失敗か成功かを選ぶのではなく、失敗の先に成功があるのです。

5％セールスは、失敗を「学び」と呼んでいます。

失敗しても、そこから学びを得ることができれば、次の行動に活かすことができます。

ライバル企業に負けたら、その理由を分析して、次に勝てばいいのです。凝った資料をつくって深夜まで頑張ったのに契約がとれなかったら、次回はコンパクトな資料で勝負して反応を見てはどうでしょうか。


総合商社の95％セールスがこのように発言しました。

「現状維持のままでいいです。挑戦はリスクがあります」

これだけ世の中の変化が激しいときに、立ち止まって何もしないことは現状維持でしょうか？　いいえ、何もしないのは地盤沈下と一緒だと私は考えます。

「何もしないことが一番のリスク」

5%セールスはこのように発言しています。

何もしないと学びがないわけですから、変化に気づくことも、学ぶこともできません。

特にトップ20%ぐらいのセールスは、成功したいという気持ちが強く、空回りをしてしまうことがあります。昨年同様に、今年も成績上位に食い込みたいと意気込むのです。

達成したいという情熱を持つことは良いことです。

しかし、成功を目指していると、失敗したときにくじけて、行動が止まります。

また、95%セールスは、失敗は怖いのに、大成功を目指してしまいます。

ローリスク・ハイリターンの方策ばかり探してしまうのです。

一つの提案書で100件同時に受注することや、1回のセミナーで100件の成約を取ることは無理ゲーです。

ローリスク・ハイリターンの方策がないことに気づくと、自己否定してくじけてしまい行動しなくなります。ハイリターンを目指すあまり、失敗を恐れて行動が止まってしまうのです。

成功を目指そうとして二の足を踏んでしまうのであれば、対処策は簡単です。

成功を目指さないことです。

学びを得るための行動実験をすることを目的にすればよいのです。


エジソンが電球を開発したとき、100回目の実験で成功したのは有名な話です。

周囲からは99回の失敗と1回の成功だと言われています。

しかし、エジソンは99回失敗したと思っていなかったそうです。

99回の学びを得て、成功に至ったと捉えていたそうです。


一つ一つの行動を、成功か失敗かで判断していたら、心が持ちません。

失敗するたびに落ち込んでいたら、次の初動が遅れてしまいます。

ローリスクの行動実験を行うことで、動き出しが早くなり、行動量が増えます。

行動量を増やせば、より多くの学びを得ることができます。また行動量を増やすことでより多くの人と交わることができ、セレンディピティも獲得しやすくなります。

5％セールスは、ローリターンの「ちょっとした学び」を積み重ねることで成長ができると考えています。学びをもとに自分の行動を修正していくことで進化することができると思っているのです。

ローリスク・ローリターンで学びを積み重ねるのが5％セールスの行動習慣です。

成功を目指さないで、行動実験をして学びを得ることを目的にする5％セールスは着実に成長し、成果を積み上げています。

第4章

5%セールスのシンプルな思考と行動

5%セールスはコントロールできない領域は「捨てる」

売れないセールスは、売れないことを他責にして、内省をしません。

自分は運が悪いとか、価格が高いとか売れない商品を扱っているとか、自分以外のことに責任を擦りつけているのです（もちろん、他者に責任があるケースも存在します）。

一方、5%セールスは同じ事実に対して、ポジティブに解釈する傾向があります。

これは能天気ということではなく、事実に対してチャンスを見つけようというマインドセットを持っているからです。

たとえば製品の機能が少ないと思えば、顧客を絞ることを優先すべきだと考えます。また、価格が高いと思えば、意味づけによって価値を見出そうとします。

こうして自分ではコントロールできないところにエネルギーを割くことをせずに、自分がインパクトを残せるところを見つけ出して、その中で創意工夫をするのです。

これは、5%セールスの発言です。

「完璧な商品やサービスなら、そもそもセールスは必要なく自動的に売れていきます」

また、中堅の製造業にいる5%セールスの方からはこんな発言もありました。

「製品を商品にすること、機能を価値として意味づけしていくことがセールスの本質だ」


分かりにくい製品だからこそ、分かりやすい商品として説明する。

機能が不足しているからこそ、そこから生み出される価値を顧客のニーズに合わせる。

このように、**コントロールできる範囲の中で何ができるかを模索する**のが5%セールスです。

たとえば、他社よりも機能で劣ったスマートフォンを売る場合は、「シンプルで使いやすい」「このスマートフォンは説明書不要」などと説明するのです。

不動産仲介会社の5%セールスは、日当たりが悪い部屋を紹介するときに、「夏は涼しく、クーラーの電気代を抑えることができます」と説明するそうです。

日当たりが良くないという事実を、夏は暑くならないとポジティブに解釈し、その価値を顧客に紹介しているのです。

機能が足りないという事実をポジティブに解釈して、相手のニーズやワクワク感にフィットさせているわけです。


成績を出すことができないセールスは、できないことに不満を持ち、「良い顧客」が向こうからやってくるのを待ちます。

5％セールスは、自分がコントロールできないことをあきらめて、自分ができることの範囲で創意工夫して、良い顧客がやってこなくても成果を出す努力をしています。

自分がコントロールできるエリアの中でさまざまな行動実験を能動的に行っていくので、良い客に偶然会う可能性も高まります。


一つの事実に対して、ネガティブにもポジティブにも解釈できると、5％セールスは信じています。不平・不満を言って行動しないのではなく、自分ができることをローリスク・ローリターンで継続していけば、成功に近づいていくことを、5％セールスは経験で知っているのです。

5%セールスはGEP客を「相手にしない」

5%セールスは、自らが編み出した再現性の高いルールをもとに初期対応します。

精密機器メーカーの5%セールスは、法人企業を顧客として多くの案件を対応しても、成約率は20%くらいだと教えてくれました。

なぜ商談が成功したか、あるいは、なぜ失敗したかをしっかり振り返り、良かった点と改善点をまとめてパターン化していました。

ITベンチャー企業の5%セールスは、最初に価格を提示しないパターンを持っています。価格を提示すると足元を見られるので、はじめは同業他社の事例を紹介して、それから顧客に対するメリットとデメリットの提示をして、質疑応答の後に価格を出すというパターンを持っていました。

こうしたパターンが複数あり、相手に合わせて使い分けているのです。

たとえば、お客さんが早口で電話してきたり、短い文章のメールやチャットで問い合わせをしてきたりしたら、それは緊急性が高いときなので、10分以内に返答する。

流通業の5%セールスは、こうした迅速な対応で何度も大きな駆け込み案件を獲得したそうです。

このように、過去の経験をもとに自分で編み出したパターンを複数用意して、使い分けることで初動が早くなります。うまくいかなかったら、そのパターンの対処法を修正して、その後の成約率を高めていくのです。

また、**5%セールスは商談に入る前に、「手を抜く相手」を決めています。**

これは、重要な商談に注力することを意味します。

5%セールスにヒアリングする中で、GEPというキーワードを初めて聞きました。

GEPとはGood Enough Perceptionの頭文字で、「十分満足の人」を意味します。

現状で問題を感じず、将来に向けた課題もない人、つまり「何も必要とせず、購入しない人」です。

こうしたGEP客が問い合わせをしてきたり、展示会に足を運んだりします。GEP客は購入意思がないにも関わらず、何かを検討しているかのように見せて、アプローチしてくるのです。

なぜならGEP客は時間が余っているからです。

時間を持て余しており、情報収集するという名目で展示会をふらふらしています。所属する会社で影響力を持っていませんので、対応しても成果にはつながりません。

GEP客は、自分の優越感を得るためにセールスにコンタクトをとってきます。

専門知識を持っているという自信がある人や、過去に偉大な功績を残した人は、マウンティングするためにセールスに近づいてきます。

もしそのGEP客に購買の意思決定権があったとしても、優越感を得ることを優先しているので、最終的には、取引歴が長く何でも言うことを聞いてくれる業者を選定します。

このように、**GEP客は客の素振りをしているだけで購入はしません。**

よって、手間をかけずにスルーすれば良いのです。

5%セールスは、このGEP客を見抜きます。

関係のない質問をしてきたり、感想だけ述べてきたり、マウンティングしてきたりする人を疑い、「購入する意思はありますでしょうか？」とストレートに聞いていました。

成果を出し続けるためには、新規顧客は欲しい。

しかし、買わない人に時間を使うのは浪費です。

5%セールスは、嫌われることを覚悟で勇気をもって購買意思を聞き、GEP客から逃げているのです。

5%セールスはアクセルとブレーキを「踏み分ける」

重要なポイントに注力し、それ以外は手を抜くのが5%セールスです。

それはサボるのではなく、100%全力でやらないタスクを決めているということです。

すべての顧客に同じエネルギーで対応することはしないのです。


重要な顧客にエネルギーを使い、購買につながらなさそうな情報収集家（前項でご紹介したGEP客のような相手）はあしらいます。つまり顧客を区別しているのです。

時間とエネルギー（熱量）は限りがあると見切っているわけです。努力と情熱を傾けられる先は決まっているので、その矛先をどこに持っていくかを重視しているのです。

重要なポイントでアクセルを踏むということは、つまり重要でないポイントにはブレーキを踏むということでもあります。**5%セールスが他者よりも成果を出しているのは、やらないことを見極めて、それをやらないという決断をしているからなのです。**

チェックリストで、アクセルかブレーキかを判断する

会社サイトの問い合わせフォームや電話で問い合わせの連絡が来ることを、インバウンドと呼びます。インバウンドは、大企業であればマーケティング担当やインサイドセールスが対応し、中堅・中小の企業では、主に営業部門が対応しています。

このインバウンドに関しても、営業・マーケティング部門のトップ5%社員は、力の入れ方を調整していました。

問い合わせが来たときにまず相手の状況を確認します。ただ単に情報収集をしているだけであるのか、もしくは本当に検討しているのか。検討している場合、競合他社製品と比較するような最終フェーズになっているかを確認していました。

このようにインバウンドの対応ルールを決めておけば、チームとして迅速に最適配置することができます。

ある5%セールスは、インバウンドでアクセルを踏むかどうかの見極めにおいて、図12の項目をチェックすると言っていました。

これらが事前にすべてクリアになっていたら、全力でアクセルを踏むのだそうです。

図12 アクセルかブレーキかを判断するチェックリスト

①導入時期は？
②最終意思決定者は？
③意思決定プロセスはどうなっている？
④競合他社と比較しているか？
⑤導入後のロードマップは？
⑥価格の決め打ち（年度末に限る）

たとえば、ウェブでの問い合わせフォームに「**導入時期**」の項目を設けて、「3か月以内」にチェックが入った問い合わせは、検討最終フェーズの可能性が高いでしょう。そうなれば、競合他社との優位性を的確に説明できるセールスを担当に割り当てたり、トライアル（お試し利用）のオファー内容と具体的な進め方を説明する準備をするなどして、全力で案件獲得にいきます。

一方、「導入時期」が「未定」の場合は、単なる情報収集の可能性が高いです。その際には、新人に概要説明資料を送付させて様子を見ます。

次に、**最終意思決定者**の確認です。誰の意思が最も重要であるかを確認します。もし最終意思決定者自身から問い合わせが来ているのであれば、最短距離で成約に到達できる可能性が高いでしょう。

一方、現場担当者からの問い合わせの場合は、成約までに時間と労力がかかる可能性があります。上司である課長にまず相談して、その後部長に許可をもらって、本部長に提案する……といった具合に**意思決定プロセス**が多重になると、決定までの時間がかかり、また補足資料などの作業も発生したりします。

商談の前に、**顧客が競合他社と比較しているか**を確認するのもポイントだそうです。全員が答えてくれるわけではありませんが、もし競合比較していることが分かれば、検討の最終ステージに来ている可能性が高いと捉えていました。

たとえば、「実は御社の製品と同時に、X社の製品も検討している。ぜひ特別な提案をしてもらえないだろうか？」といった答えが返ってくるようなパターンです。

そのように他社と競合する場合は、提供価格の勝負になることも視野に入れて準備しておく必要があります。

また、**購入後にどう具体的に導入を進めるか、いわゆるロードマップが決まっているか**

も確認します。5％セールスは、購入してくれたら終わりではなく、購入後にどのようなサポートをすれば価値が高まるかまでを見据えているのです。

たとえば、不動産仲介会社がオフィス用テナントの賃貸契約の営業をかけていたら、契約してから何カ月で入居し、内装業者や引っ越し業者の手配は終わっているかどうかを確認する、というようなことです。

顧客の困りごとにフォーカスし、そこを手伝ってあげることで、アフターフォローがしっかりしている会社だと認知してもらうわけです。

こうしたGive精神のサポートが信頼を獲得し、次に移転する際にも同じ人にお願いするといったリピート契約（アップセル）や、他社の紹介、顧客担当者が転職した際でも契約をもらう（リファラル契約）につながりやすくなります。

このように信頼を積み重ねる行動をしながら見込み案件を増やしていくのが、5％セールスが成果を出し続ける所以です。

最後の6番目は、私にとって最も意外でした。

顧客の決算年度末に近いときに、希望の価格レンジを提示してきたり、予算額を示唆してきたりしたときはチャンスとのこと。掘り下げて聞くと、顧客の残予算消化の可能性が高いからだそうです。

年度初めに割り振られた予算が消化できずに余ってしまうことはあります。しかし消化できなかった予算は次年度に持ち越されることはなく、単に召し上げられるだけです。

また一部の企業では、予算消化実績を元に次年度の予算を最終決定しますので、年度末に予算を消化するための「駆け込み発注」が降ってくるケースがあるそうです。

いわゆる年度末の道路工事ラッシュです。


あるノベルティショップでは、年度末に企業ロゴ入りのゴルフボールの発注が急増するそうです。

顧客は急いでいますので、価格や納期の要求に即座に応えることができれば、すぐに受注できるばかりか、迅速さをアピールして、良い印象が残すことができます。また、特別対応したことで、相手がいつかお返しをしたいという「好意の返報性」も効くでしょう。


ただ単に情報収集するだけの相手に時間を費やしていては、もったいない。

限られた時間で最大の効果を生み出すのが5％セールスですから、商談の見極めの際の「費やす時間」の要素が入っています。

将来、大型商談を持ってきてくれる顧客になる可能性もなくはないでしょうが、そうだとしても、まだ情報収集の段階にいる相手に大きなエネルギーを費やすべきではないと、短い時間で対応を終えているそうです。

5%セールスは「事後行動デザイン」をする

資料作成やプレゼンは、「目的は何であるか？」を明確にしないと成功しません。
山の頂上が間違っていると山登りはうまくいかないのと一緒です。
山の頂上を意識するから、その目的達成の手段として準備をするのです。
5%セールスは、「この作業は何のためにするのか？」を確認しています。
当たり前のことを当たり前にやり続けることで差をつけるのが、5%セールスです。
必要なことをやり続ける力があるのです。

95%セールスの78%は、プレゼンの目的を「共有するため」「理解してもらうため」「サービスの良さを知ってもらうため」と答えています。
一方、5%セールスは、「決めてもらうため」「購入してもらうため」「契約してもらうため」といった回答が多かったのです。

つまり、5％セールスは、**共有や理解の先にある「相手の行動を変えること」を目的としてプレゼンをしている**のです。

確かに、就職活動で「面接官に理解してもらうこと」を目指す学生と、「面接官にGOサインを出してもらうこと」を目指す学生では、準備の仕方が異なり、結果も違いを見せるでしょう。

ただし、いきなり相手の行動を変えられないこともあります。そんなときは、近い将来で行動を変えてもらうために、「今は信頼を蓄積しておこう」というフェーズもあります。

今回は信頼を得て、次回は行動を促すと決めておけば、それぞれの目的に合わせた準備ができます。

この「信頼構築」ステージをクリアしておけば、その後の大型案件の紹介や、プロジェクトリーダーなどの要職への抜擢があるということを、5％セールスは経験しています。

資料作成についていえば、その資料を提出したときに、相手に具体的にどう動いてほしいかを事前に設計しておくのです。

プレゼンした後に、相手にどのような発言をさせたいのかを先に決めておくのです。

そうすれば、その相手のアクションに向けて、「資料をコンパクトにしよう」「質問の時間を長めにとろう」といった戦略が見えてくるのです。

こうして、**資料説明やプレゼン後に相手に求める行動を明確にして、その実現に向けて準備することを「事後行動デザイン」と私は呼んでいます。**

5％セールスは、この「事後行動デザイン」を行って、相手を思い通りに動かしているのです。

商売相手を4つのタイプに分類する

私たちは5％セールスのヒアリングをもとに仮説をつくり、商談相手をいくつかのタイプに分類して行動実験を試みました。分類方法はユングのタイプ論を参考にしています。ユングのタイプ論とは、スイスの精神分析医カール・グスタフ・ユングが提唱した心理学的理論です。

ユングは人間の心理的性格を「外向的／内向的」に分けたうえで、「思考的／感情的」「感覚的／直観的」の二軸で分類しました。これらのタイプは生まれながらにして決まっていて、人々は生涯を通じて同じタイプのパターンを維持するとユングは考えました。ユングのタイプ論は、心理学やカウンセリングなどの分野で幅広く用いられています。

私たちはユングのタイプ論を参考に、外向型／内向型、思考型／感情型の2つの軸で4つのパターンをつくり、商談相手をそれぞれのタイプに分けてみました。

当初は「直感」「感覚」も入れて8分類で再現実験をしたのですが、効果が出にくかったので、本書では効果が出た「思考」「感情」に絞って4分類にしています。

この行動実験には、5％セールスにも参加してもらいました。95％セールスとともにさまざまな対話パターンを試して、相手の反応が良くなるかどうか、その後の成約に影響を与えるかどうかを、計6817名で実験したのです。

パターン別対応によって成約率との直接的な因果関係は見出せませんでしたが、行動実験に参加したセールスの84％は効果を実感しています。

さらに、「商談を次の段階へ進めることができたか」の質問に対して「YES」と回答した比率が高かったもの、つまり再現率が高かったものを列挙します。

あくまで7千人弱での再現実験の結果ですが、あなたの提案活動に参考になる部分はあると思います。

全部をやってみようとするのではなく、相手を意識して効きそうなものを選び、「小さな行動実験」をやってみてください。

図13 ユングのタイプ論

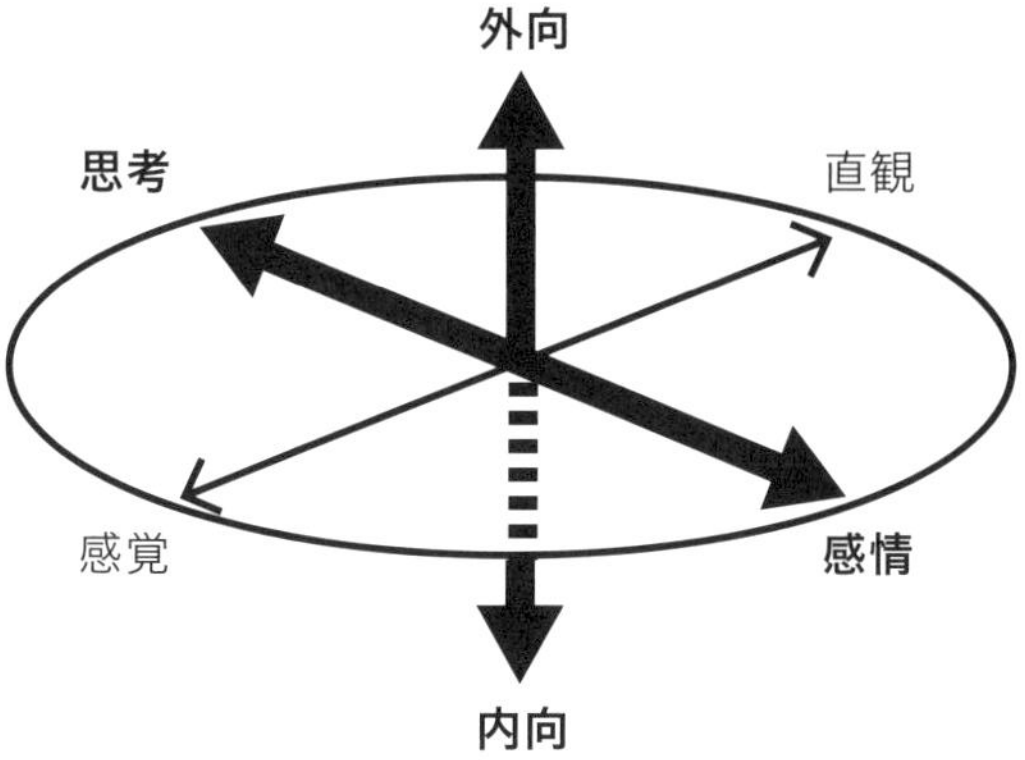

図14 内向型／外向型、思考型／感情型で商談相手をタイプ分け

	思考型	感情型
外向型	①外向・思考型 ・客観的事実を重んじるタイプ ・他人に厳しい傾向	②外向・感情型 ・積極的にかかわり対人スキルが高い ・深く考えないことも
内向型	③内向・思考型 ・独自の視点で物事をとらえる ・頑固な一面を持つ	④内向・感情型 ・感受性が強い ・自分の内面を充実させたい

① 外向・思考型のケース

■ **特徴**

客観的事実を重んじる。
ただし他人に厳しい傾向があり、個人的な意見ではなく客観的なデータを求める。

良い反応があったもの（全セールスによる行動実験）
（a）失敗からの挽回例を提示する
（b）外部の調査データを紹介する

マイナス要素になるもの（5％セールスの意見）
（a）きらびやかな成功事例：失敗がなく、いきなり大成功した事例を提示する
（b）自社だけ良ければいい：顧客側だけがメリットを享受することを嫌い、サービス提供者側のメリットや業界全体の発展を考える

図15 ①商談相手が外向・思考型のケース

響くもの	響かないもの
(a)失敗からの挽回例	(a)キラキラの成功事例
(b)外部の調査データ	(b)自社だけ良ければいい

事例とデータで
信頼と**再現性**をアピール

■このタイプへの対処法

事例とデータで信頼と再現性をアピールする

結果を紹介する事例ではなく、どういうプロセスで成功したかを紹介した事例を見せることで当事者意識を持ってくれます。当初はうまくいかなかったが、○○を実践したら軌道に乗り始めた、というように失敗からの挽回策の事例に対する評価が高かったです。

この事例は、サービス提供者側の事例ではなく、さきにユーザーになった人（企業）の事例が好評でした。また、経済産業省や金融庁、大手企業などによる調査データを引用することで信ぴょう性が高まったと答えてくれた顧客が多くいました。

②外向・感情型のケース

■特徴

人とかかわりを持つことが好きで、話し上手。

リアクションが大きいなど、対人コミュニケーションは得意。

深く考えずに、気が乗ると決めてくれることもある。

良い反応があったもの（全セールスによる行動実験）

（a）途中でQ&Aをはさむ

（b）画像と動画を入れる

マイナス要素になるもの（5%セールスの意見）

（a）報告書の読み上げ

（b）文字が多い資料

図16 ②商談相手が外向・感情型のケース

響くもの	響かないもの
(a)途中でQ&A	(a)報告書の読み上げ
(b)画像と動画	(b)文字が多い資料

対話と感情共有で
共感と実現のイメージ化を考慮

■このタイプへの対処法

対話と感情共有で共感と実現のイメージ化を考慮する

コミュニケーション能力が高く、自分で話したい方が多いため、一方的にダラダラと話をするのは避けたほうがよいでしょう。説明途中でも質問を受けつけるなど、なるべく多く話をさせる機会をつくったほうがうまくいきました。

また、すぐに飽きてしまう方が多く、説明が長くなるとスマートフォンを触り始めてしまいます。商談の冒頭に、オンラインで自分の映像を見てもらう、投影する資料に大きな画像を入れる、明るいネクタイを着けるなどの工夫をすることで、相手の視線を上げさせて、スマートフォンを触らせないようにした

図17 画像を左に配置して右脳を刺激する

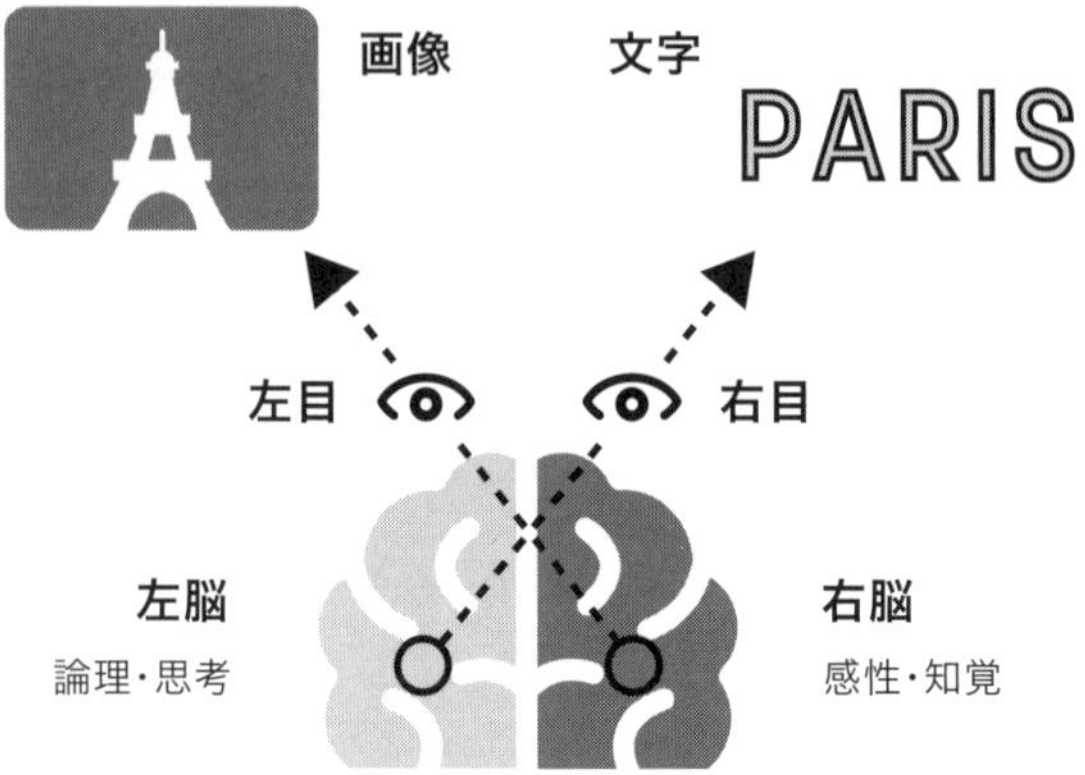

ほうがよいでしょう。

文字がぎっしり詰まった資料を見るのを嫌がりますので、プレゼン資料には画像や動画を使って相手の視覚に訴え、分かりやすく伝えて飽きさせない手法が求められます。

相手の視覚を刺激するためには、資料内で使う画像は左に配置すると効果的です。

感性を司る右脳は、左目を使って情報を見ると印象に残りやすいためです。相手に覚えてもらいたい画像が、左目でとらえやすいように左に配置するのがよいでしょう。

資料内で画像を複数並べる際は、最も記憶させたい画像を大きくすることでさらに右脳を刺激することができます。

また、重要な情報に絞って表示させたほうが相手の印象に残りやすいため、挿入する画像の数は抑えたほうがよいことが分かりました。

５％セールスのスライドでは、挿入される画像が４点以内であることが多かったです。また、オンラインでの商談では情報量が少ないほうが相手に伝わりやすいため、画像は２点以内に絞ったほうがうまくいきました。

画像は相手の視覚にインパクトを残しやすいからこそ、相手への配慮が大切です。

③内向・思考型のケース

■特徴

他人に左右されず、独自の視点で物事を捉えている。自分の考えをしっかり持っており、頑固な一面がある。セールス対象として最も難しい相手。寡黙で口数が少なく、積極的に話してくれない。時間を無駄にしたくないという意向が強い人が多い。

良い反応があったもの（全セールスによる行動実験）

（a）結論ファーストで伝える

（b）ストーリーで説明する

マイナス要素になるもの（5%セールスの意見）

（a）決めつけ・テンプレート

（b）じっくりした説明

図18 ③商談相手が内向・思考型のケース

響くもの	響かないもの
(a)結論ファースト	(a)決めつけ・テンプレート
(b)ストーリー説明	(b)じっくり説明

PREP法で説明する

■このタイプへの対処法

コンパクトでスマートな説明をする

多くの情報を提供すると、逆に警戒心を持たれてしまいます。ステレオタイプな情報を否定的に捉えるため、学説や「〜すべき」という説明は避けたほうがいいでしょう。

じっくり論理的に考えるタイプですが、時間を無駄にしたくないと考える人が多いので、関連情報は補足資料など別添として用意し、説明や資料自体はコンパクトに説明することが求められます。

「要は何なのですか？」と言わせたら、一発アウトです。否定的な感情を持ったときにこの言葉が出るからです。

先に要点を伝えて、その理由を説明していくプレゼン話法のＰＲＥＰ法が効果的です。

5%セールスはよくPREP法で説明します。PREP法とは、Point（結論）・Reason（理由）・Example（例）・Point（結論）の頭文字をとったものです。彼らは相手に伝わるようにコンパクトに伝えることに努めています。

5%セールスは、上司や顧客が忙しくて時間が無いことを理解すると、PREP法で説明して、相手の即答を引き出します。

たとえば、以下のような説明はコンパクトとは言えないでしょう。

「店長、ちょっといいですか？　競合のコーヒーショップのA社が、コーヒーを飲むとポイントを与えてマカロンとかの特典がもらえるインセンティブキャンペーンをやって売り上げを急激に伸ばしたことを業界関係者のBさんからこっそり聞いたのです。うちは売り上げアップに伸び悩んでいるので、チョコレートとかもっと良い特典をつけて、全店でキャンペーンやりたいと思うんですけども、いかがでしょうか？」

これを5%セールスのようにPREP法に沿って説明すると、以下になります。

図19 | 5%セールスはPREP法で説明する

PREP法＝要点を伝える手法

Point……結論
Reason……理由・根拠
Example……事例・サンプル
Point……結論

「吉田店長、全国キャンペーンを提案させてください。（P：結論）

競合のA社が売り上げを1・8倍にしたキャンペーンを知りました。（R：理由）

コーヒーと甘いものをセットにするとドーパミンが刺激されて「おかわり」が増えるそうです。（E：例）

だから、全国でコーヒー＋チョコレートのキャンペーンを提案させてください。（P：結論）」

結論をまず先に伝え、その根拠を、事例を使って説明します。相手の行動を促すために、最後に再び結論を持ってくるのです。

④内向・感情型のケース

■特徴

感受性が強く、自分の興味・関心で動くタイプ。
不満をなくすことより、楽しいことを増やしたいと考えている。
また、神経質な一面もあり、他のタイプに比べてイライラしていることが多い。

良い反応があったもの（全セールスによる行動実験）

（a）プラス感情を増やす
（b）嬉しさを増すような成功事例を示す

マイナス要素になるもの（5%セールスの意見）

（a）気遣いできない人
（b）集中できない環境

図20 ④商談相手が内向・感情型のケース

響くもの	響かないもの
(a)プラス感情を増やす	(a)気遣いできない
(b)嬉しさを増す事例	(b)集中できない

プレゼンマナーに気をつけて
プラス感情を抱かせる

■このタイプへの対処法
嬉しさを増し、不快要素を取り除く

このタイプは満足と不快が常に表裏一体。満足を増やし、不快をなくす戦略で臨むのがよいでしょう。相手の嬉しさが増す内容や、経験したことのないものを説明してワクワクさせることが求められます。

プレゼン中は、不快に思われないように細心の注意が求められます。乱れた身なりや、くだけた言葉遣いを避けましょう。

オンライン商談では、横揺れと雑音に注意。左右に揺れながら話すと、聞き手は落ち着きません。オンラインでは特に揺れが目立つので、椅子を固定しましょう。また不快な雑音が入らないように、音声の設定やマイクの選定に気をつかってください。

ここまで、商談相手を4分類に分けて説明してきました。各分類への対処法をそれぞれ紹介しましたが、実際に効果は出ています。

たとえば116ページの図17で効果的な画像配置を説明しましたが、これを外向・感情型タイプの相手に試したセールスの78％が「効果があった」と答え、内向・感情型に対しては66％のセールスが「効果があった」と答えています。よって、画像配置法を外向・感情型タイプの対処法として紹介しているわけです。

つまり、各種の対処法は相対的に最も効果があった相手のタイプで紹介しているので、他のタイプでも効果があるのです。ですから、すべての対処法を少しずつ試していただくのがよいでしょう。

また、これらの対処法は社外の商談相手だけでなく、社内での説明相手にも効果があることが実証できました。あなたが営業職でなかったとしても、社内での提案や企画を通したい場面で、ぜひ活用してみてください。

事前の仮説思考とバイアス除去で「本番前に勝負を決める」

5％セールスが成果を出し続けるには、理由があります。

たまたまうまくいったのでも、たまたま助けてもらったのでもありません。成果を出し続ける仕組みをつくった人たちがトップ5％なのです。

5％セールスたちへのヒアリングで、こんな発言がありました。

「上手にプレゼンすることよりも、顧客の状況やニーズをしっかり掘り下げて、それに合わせて対応することが最も大切である」

つまり相手が立たされた状況を理解して、そこから課題を推測し、それに応じた解決策を考える――5％セールスはそうやって、プレゼンする前に勝負を決めているのです。

商談前に前提を整えて準備する。これは「仮説思考」と呼ばれる思考法です。ある5％セールスは、仮説思考を習慣にしていると教えてくれました。その理由は、情報収集の効率化と固定観念の除去とのこと。仮説を持って調査すると、対象範囲を絞ることができ、情報収集の効率が高いのだそうです。

太平洋の真ん中で釣り糸を垂らすより、限られたエリアで魚が泳いでいる釣り堀で釣りをしたほうが、効率良く魚をとることができます。それと同じです。

限られた時間で作業をこなすために、「あたり」をつけて情報収集しているのです。

しかし、その「あたり」が必ずしも正しいとは限りません。

誰でも固定観念があり、バイアス（偏り）で決めつけてしまうこともあります。

「不機嫌そうにみえる先輩男性は抵抗勢力で、業務改革に協力してくれるはずがない」

たとえば、これは過去の経験や認識の偏りによるバイアスです。

バイアスによって決めつけてしまうと、本質を捉えることができなくなります。

ある5％セールスは、自分にもバイアスがあることを前提として、事前に商談相手の調査をする際、自分で立てた仮説が思い込みでないかを調べているそうです。

信頼のおける機関の調査データを調べたり、周囲にヒアリングしたりして、自身の仮説が「思い込み」か否かを確認します。

「同じ製造業の別クライアントでは、不機嫌そうにみえたほうが実際の改革推進者であった」と先輩に教えてもらったり、「製造業の79％はＤＸ（デジタル・トランスフォーメーション）が必要だと感じており、うち55％は何かしらの取り組みをしている」という調査データを引用にしたり、「従業員１０００名以上の大企業では過剰な気遣いで社内会議が増えている」という意見を参考にしたりして、バイアスを取り除こうとしていました。

「仮説を立てるときに評論家になってしまうのが一番危険です」

通信会社の５％セールスがそう教えてくれました。

当事者意識を持たずに準備をすると、相手の課題に寄り添わずに、無意識のバイアスによって「仮説」を決めつけてしまうことが多いそうです。

仮説の立て方について他の５％セールスにもヒアリングしました。

すると、「視点」「視座」という言葉が頻発しました。

「視点」を変え、顧客目線で状況を捉えると、本質が見えてくる。
「視座」を変え、俯瞰的に状況を見つめると、他の課題が見えてくる。

このように発言する方が多かったのです。

たとえば、リモートワークを推奨する提案をするのであれば、あえて「100%出社したほうがよい」という仮説を立てて検証します。そうすれば、リモートワーク推進派と出社推進派の両方の視点を持つことができます。

また、視座を高くして、それぞれの立場のメリットとデメリットを俯瞰的に見ることで、違う意見を持つ人がいることの理由が見えてきます。

出社推進派は業績に伸び悩んでいる部門に多く、その原因をリモートワークのせいにしようとしているのが見えてくるかもしれません。一方でリモートワーク推進派は、人員が潤沢で人手不足を感じていない部門に多いことが判明するかもしれません。

こうして視点と視座を変えて全体を見渡すことで、本質的な課題は勤務形態ではなく、生産性の向上と人員配置の適正化にあることが見えてきます。

相手の立場になって仮説をつくり、それを検証して精度を高めていく。

相手に合わせてしっかり準備して商談にのぞみます。


相手がオレンジジュースを飲みたいと思えば、オレンジジュースを出します。

コーヒーを飲みたいと思っているであろう相手に、オレンジジュースは出さないのです。

動かしたい相手のことをそのくらいじっくり考えて、準備をしているのです。

もしうまくいかなければ、その原因を探って、違う仮説をつくるようにします。

相手を知り、相手に合わせる。失敗したら、その学びを次に活かす。

意外にも、いたってシンプルな行動を彼らはとっていました。


〈参考文献〉『仮説思考』（内田和成、東洋経済新報社、２００６）

「調査」と「本質」を伝えてアポを獲得する

オンラインツールが普及し、インターネットを通じて、気軽に商談や打ち合わせができるようになりました。顧客の約25％がオンライン商談を望む理由の一つは、オフィスでわざわざ来客用の会議室を予約せずに済むからです。

しかしながら、顧客が気軽に時間を割いてくれるわけではありません。

２０１９年の労働基準法の改正（いわゆる働き方改革関連法の施行）によって、時間外労働の上限が設置されました。以前よりも残業がしにくくなっているのです。

一方で少子高齢化が進んでいることから、87％の企業が人手不足を感じており、少ない人数で仕事を回さないといけない企業が増えています。

このように顧客側の時間が足りない中で、商談の約束（アポ）をとることは、以前より難しくなっています。

新規営業に関していえば、コロナ禍以降、飛び込みセールスは制限されています。なので、アプローチ先の企業のサイトの「問い合わせフォーム」から営業アポを依頼するケースが増えています。

既に取引がある顧客に対してアポをとる際は、メールでオンライン営業を打診したり、電話やビジネスチャットを駆使してオンライン商談のアポをとりつけたりしています。

時間がない顧客に「時間をください」とだけ伝えてもアポはとれませんから、用件を端的に伝えることが必要になります。

そこで、5％セールスがどのようにアポをとっているかを分析しました。

5％セールスは既存顧客から信用を積み重ねていますから、95％セールスよりはアポがとれやすいようです。

しかし、関係構築ができていない顧客や新規顧客に対しては、多くの試行錯誤を重ねながら「アポがとれやすいパターン」を探っていました。

「社長、中途採用を増やすための新サービスを紹介したいのですが、オンラインで30分もらえませんか？」

95％セールスがアポをとるためにしていたセールストークは、こんな感じでした。

新サービスを紹介したいのは分かりますが、この説明では相手が興味を持って時間を提供してくれることは難しいでしょう。

私たちは、5％セールスがどのように説明しているかを調査・研究しました。

すると、**5％セールスは商談本番の際、5ステップのストーリーで説明している人が多い**ことを発見しました。

これは、企画書のストーリーと似ていると感じました。「企画でメシを食っていく」を主宰しているコピーライターの阿部広太郎さんが提唱しているストーリーと似た流れでした。

企画も提案も「相手を動かすこと」が目的ですから、普遍的な動かし方があるのかもしれません。

5％セールスが顧客に提示するストーリーは、以下の流れでした。

①疑問→②調査→③解釈→④本質→⑤変化

まずは、顧客が抱えている問題や、顧客を取り巻く環境に疑問を呈して、調査した結果を共有します。その調査結果によって、自身が持った解釈と捉えた本質を説明します。

最後に、本質を理解したうえで、解決策を提示するのです。


この5ステップストーリーのうち、どの項目を事前に伝えたらアポがとれやすいか、約7400名で行動実験しました。

すると、調査結果など一つの項目だけではアポがとれにくく、最後の変化（解決策）を伝えても納得してもらえないことが分かりました。

そこで複数の項目を説明するようにしたところ、第2ステップの「調査」と、第4ステップの「本質」を伝えると、アポがとれやすくなることが分かりました。


たとえば、以下のようなセールストークです。

「社長、同じサービス業の雇用状況を調べたら（②調査）、報酬ではなく募集方法で採用を増やしていることが分かりました（④本質）。募集方法の詳細について説明したいので、オンラインで30分いただけませんか？」

図21 5%セールスの説明ストーリー

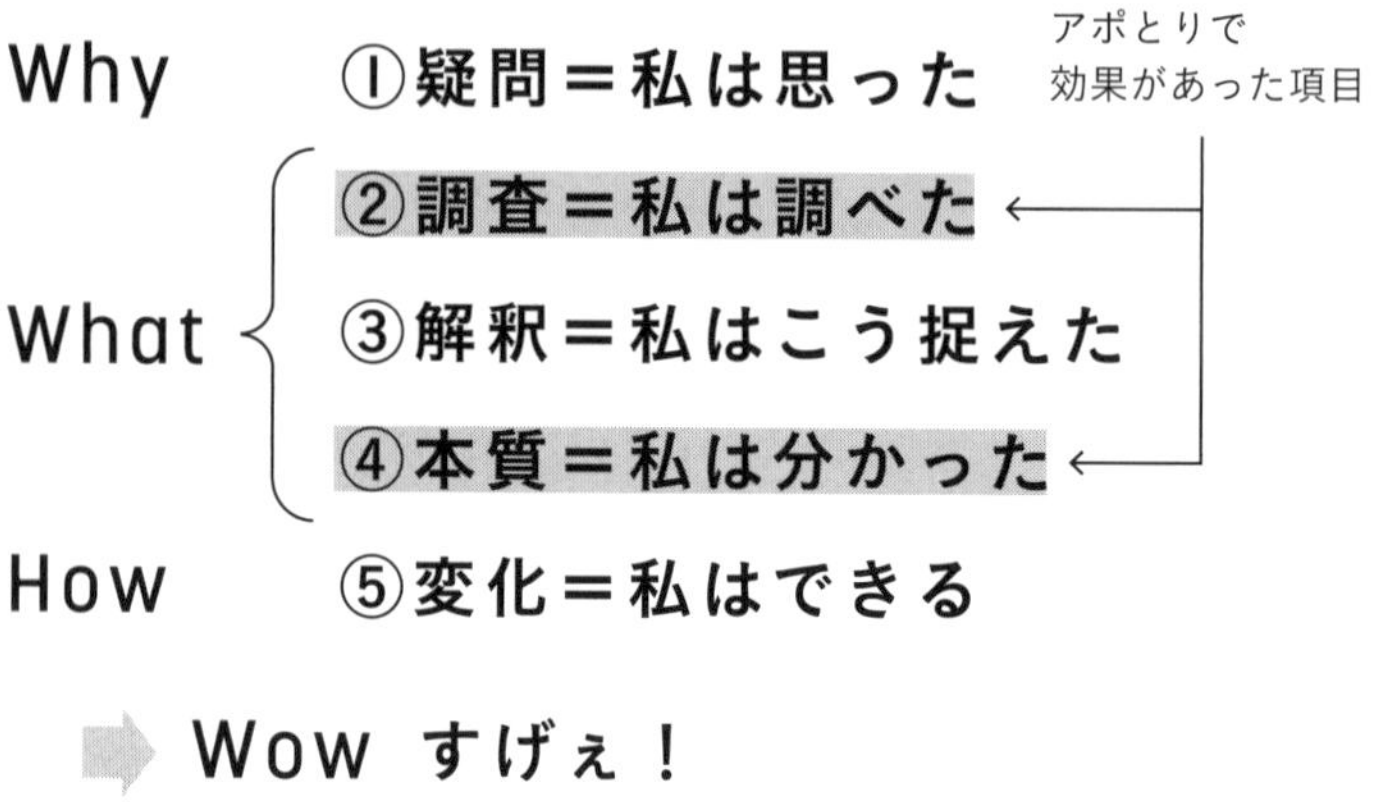

		アポとりで効果があった項目
Why	①疑問＝私は思った	
What	②調査＝私は調べた ←	
	③解釈＝私はこう捉えた	
	④本質＝私は分かった ←	
How	⑤変化＝私はできる	

➡ Wow すげぇ！

アポをとる際には、相手のメリットを意識して、そのために必要な本質をほのめかすことにより、顧客に興味を持ってもらい時間を割いてもらいやすくなるようです。

電話でもメールでもチャットでも問い合わせフォームでも、②調査と④本質を入れてアポの依頼をすると成功する確率が高くなりました。

なかにはアポの獲得確率40％以上になるケースもあり、商談設定件数の向上に貢献できたのです。

〈参考文献〉『それ、勝手な決めつけかもよ？』
（阿部広太郎、ディスカヴァー、2021）

自己紹介で重要なのは「伝える資格」と「再現性」

5%セールスの商談を録画して分析したところ、自己紹介で「違い」を見せていることが分かりました。

95%セールスの多くは、所属する企業名、部署名、名前の順で自己紹介して、その後に商談やプレゼンのアジェンダを説明していました。たとえば次のような流れです。

よろしくお願いいたします。

株式会社ABC データ・スマートソーシングシステム開発事業部 システム第2サポートグループ アシスタントディレクターの越川です。

本日は新サービスの新機能の説明をさせていただきたいと思います。

現サービスからアップグレードされた機能の違いを中心に共有しますので、どう

ぞよろしくお願いいたします。

文字起こししてAI分析すると、「よろしくお願いいたします」で始まり、それに続いて長い部署名を読み上げる人が多いことに気づきました。また、アジェンダの説明では、「伝える」や「説明する」「共有する」といった言葉が多用されていました。

こうして見ると、話し手が主役であるように思えます。

そもそも顧客からすると、「よろしくお願いいたします」でスタートするのは違和感を覚えるそうです。（182ページ参照）

一方、5％セールスは以下のような自己紹介をしていました。

お忙しい中、お時間をいただき、ありがとうございます。
株式会社ABCの越川です。
これまで製造業200社にITヘルプデスクを提供してきた弊社では、ITツールの定着・浸透の知見を持っています。
弊社は、新サービスによって御社の業務効率の向上に貢献したいと思います。
今から20分で説明しますので、ぜひ検討をお願いします。

一般セールスとの違いは、部署名の説明が少なく（もしくはまったくなく）、会社の実績の説明が含まれている確率が一般セールスの3・7倍でした。

また、自分が「共有する」といった趣旨ではなく、あなた（顧客）がメリットを「感じてもらう」ために説明するといったニュアンスの説明です。

聞き手である相手が主体であると受け取ることができます。

相手が主役なので、相手にとって意味がない部署名や肩書は割愛するケースが多いのです。

代わりに、会社もしくは自分の実績を入れていました。後でヒアリングしたところ、自慢をするために実績を入れているのではなく、「伝える資格」と「再現性」を相手に理解してもらうためだそうです。

顧客にとっては「自分の課題を解決してくれるかどうか」が決め手です。自分の課題を理解してくれる、信頼のおける会社（あるいは人）かどうかを確認したいのです。

実績数は、課題を解決した数ともいえます。課題を解決しようとするならば、その経験や実績がないと「伝える資格」がないわけです。

5%セールスの多くは、この「伝える資格」をハイライトするために、数字を使って実績を説明していました。

また、自分と近い環境で似たような課題を解決したことがあれば、自分の課題を解決してもらえる可能性が高いと顧客は考えます。

「当社と同じ製造業で実績があるのだな」
「今日の説明には根拠があるのだな」

ということが伝われば、自分の課題も解決してくれる可能性、つまり再現性が高いのだろうというイメージを持つことができます。

こうして、「①伝える資格」と「②再現性」を意識した自己紹介をすることで、相手はそのあとの説明を自分事として聞いてくれます。部署名を長々と説明するよりも、この2つがあったほうが、顧客に興味を持たせて、しっかり聞く姿勢にすることができるのです。

そして最後に、説明後に相手に求めるアクションを入れています。

「聞くこと」ではなく「検討すること」を相手に求めて、「聞いて終わり」にしないように努めるのです。説明後に相手に求めるアクションを設計しておくことを「事後行動デザ

イン」と呼びます。（108ページ参照）

自分や会社のことを信頼してもらい、相手に与える変化（＝課題解決）を理解してもらえれば、検討や購買に進みやすいのだと納得しました。

スキマ時間を活用して「初動を早める」

5%セールスは、自分がやるべきタスクを明確にしてから小分けにするのが得意です。たとえば顧客向けの提案書を作成するとしたら、まず前任の担当者にヒアリングして、顧客の財務状況をインターネットで調べ、過去の提案書を確認してから、資料の作成を開始します。

一つのタスクをステップに小分けすることで、スキマ時間に作業をスムーズに行えるようにしているのです。

決算発表の検索であれば電車の移動中にもできます。また、社内会議が予定よりも早く終わったら、即座に前任担当を捕まえて、過去の提案状況と結果を聞くこともできます。

このように目的達成に向けて必要なタスクを絞り出し、そのタスクを各ステップに小分けすることで、スキマ時間を有効活用しながら確実に作業をこなしているのです。

こうした細かな時間管理術が、結果的に差を生みます。

95%セールスは、時間が空いたときに作業をしようとします。

一方、5%セールスは、十分な空き時間をいっぺんに確保することはほとんどないと認識し、スキマ時間に作業をこなすことができるよう用意をしていました。

タスクを各ステップに小分けすることにより、何をしなくてはいけないかが明確になるため、仕事の取りかかり、つまり初動が早まります。この初動の早さが結果的に作業全体のスピードを高め、期限よりも少し手前で終わらせるのが5%セールスの行動習慣です。

期限ギリギリまで使ってフル稼働で作業を行うのではなく、時間と精神の余裕を持たせながら、期限の少し前に終わらせることで、次のタスクの初動も早まります。こうして初動を早めるサイクルを回すことで、短い時間でより多くの作業をこなすことができるのです。

こうした少しずつの工夫によって、時間と成果を少しずつ積み重ねていき、大きな信頼を獲得することになるのです。

COLUMN

5%セールスのファクト・ファインディング

5%セールスは事実を捉えるファクト・ファインディングにおいて、解釈を変えてチャンスを見つけようとする習慣があります。

厳しい状況でもポジティブに解釈して打開策を見出そうとします。

とある江戸時代のストーリーをご紹介します。

四国に住んでいる人たちが、江戸の様子を知りたいと思っていました。

テレビやラジオ、インターネットなどのメディアがないため、実際に江戸に行くか、江戸に行った人に聞く以外に、現地の情報を得ることができませんでした。

そこで脚力に自信のある若手5人が選抜され、江戸に向かったそうです。

遠距離を歩いていくわけですから、リスクもあります。

しかしリスクよりも興味が上回って行動に出たのです。そして江戸の様子を見聞きしてきました。行動に出て目的を達成したわけです。

無事に5人が江戸から帰ってくると、村中の人が押し寄せて様子を聞きます。

「江戸はどうだった？」

すると一人が、こう伝えたのです。

「江戸の町は凄かった。だって水が売られていたのだよ」

四国の村の人たちにとって、「お金を出して水を買う」という事実に驚きを感じました。川で流れている水を自由に好きなだけ飲める村人たちにとって、「水が有料である」という発想がなかったのです。

江戸は海沿いや湿地帯であった場所につくられた町が多く、井戸を掘っても塩分の多い水が出ることがあるため、「きれいな水」は貴重でした。こうした事情から、飲料用の「きれいな水」は一部有料で販売されていたそうです。

「水にお金を出して買っている江戸の人」という事実（ファクト）を聞いて、多くの村民が笑い始めました。

「水なんかにお金を出して、江戸の人は偉そうだな」

一人が嘲笑すると、周りの人たちも笑い始めました。

しかし、江戸に渡航したメンバーの一人は違う洞察（インサイト）を持っていました。

「うちの村にある綺麗な水を江戸に持っていけば売れるのではないか」

「水を買っている人がいる」というファクトに対して、視点を変え、「水を売る人がいる」という別のファクトに注目したのです。

その人はさらに、「村に流れている川の水はきれいである」ことが価値になることに気づき、商売につなげられないかと考えました。そして実際に再び江戸へ出向き、村で汲んだ水を売りに行ったそうです。

すぐに買ってくれる人はいませんでしたが、そこで「500キロ離れた清流の美味しい水」という看板を設置して販売したところ、どんどん売れたそうです。

つまり、製品（水）を商品（売れる飲料水）に変えたのです。

その人は成功に味をしめて、継続して水の販売を始めました。

しかし、500キロ以上の距離を往復するのはリスクが高く、また徐々に費用対効果が下がっていきました。

そこで、「きれいな水」の入手先を江戸の近くにして、近隣の人を雇って流通を整え、江戸での水の販売を続けたそうです。

そうして、この人は富を築くことができました。


このストーリーは、セールスの本質を突いています。


「江戸で水が売られている」というファクトは一つです。

そのファクトをどう解釈するかによって行動が変わってきます。

「江戸の人は水なんかにお金を出して」と笑って終わりにするか、「目の前に流れている川の水を売ることができるかもしれない」と、きれいな水に価値を見出すか。

それぞれの捉え方で、行動が変わってきます。


ひとつのファクトには、ネガティブ面とポジティブ面があると事実の捉え方が変わってきます。

これを「**ファクト・ファインディング**」と呼びます。

商談の前の情報を集めて終わりにするのではなく、集めた情報をメリット・デメリットの両面で解釈してインサイト（学び）を得るのです。

こうした「ファクト・ファインディング」をもとにして、5％セールスは実験をします。

たとえば、遠方から5人で水を運んだら大変だったら、次は10人集めます。

水を運んでいる途中で蒸発してしまったり、腐ってしまったりしたら、他の入手経路を探ります。

「やってみて問題があれば修正すればいい」と5％セールスは口にします。

「デメリットよりもメリットが大きければやってみる」と発言します。

デメリットだけにフォーカスしてリスクを完全に回避しようとするか。

それとも、ポジティブに解釈することでチャンスを見出し、すぐ実行するか。

後者のほうが営業成績が高くなることは、読者の皆さんもお気づきではないでしょうか。

セールスに限らず、5％社員は「挑戦」を「実験」と捉えて、行動をしていく人たちなのです。

第5章

5%セールスは周りを勝たせる

顧客を「ヒーローにする」

5%セールスは一人で成果を出しません。
周囲を巻き込んでチームで成果を出します。
つまり**5%セールスは、周りを勝たせる人**なのです。

かつては、業務処理能力やIQが高く、言われたことをしっかりと実直にやる人が評価されました。あるいは、能力の高いセールスが一匹狼的に行動し、自分だけで突出した成果をだして周囲を驚かせたこともあったかもしれません。

しかし、今は違います。**令和の5%セールスは、複雑な課題は自分一人で解決できないと割り切って、チームを組んで対応するのが特徴です。**

今の5%セールスは率先して自己開示を行い、チームメンバーや他部門の人を巻き込んできます。複雑な課題はチームで解決するという信念を持って突き進み、考えながら行動しているのです。

ですから、顧客も共創パートナーとして巻き込み、お互いの目的を達成していきます。

顧客や周囲のメンバーを勝たせる。

これが5%セールスの特徴だったのです。

FECトークで心理的安全性を高め、「共感関係」をつくる

成果を出し続ける人は、顧客をパートナーと捉えます。

お互い協力し合ってお互いの目標を達成することを目指すのです。

「顧客が偉い」「何でも顧客の言うことを聞く」のではなく、対等な立場で共感し合い、解決策を共創する関係をつくることが重要だそうです。

こうした共感・共創関係を構築するには2段階あります。

ファーストステップは「**共感ステージ**」です。

ここでまず、腹を割って話せる関係を構築します。

心理的なリスクや脅威を感じることなく、自分の意見やアイデア、感情を自由に表現し共有できる状態を「心理的安全性」といいます。

意見や感想、フィードバックを伝え合える、心理的安全性のある関係を先につくるのです。

「上下関係ではなくて、横に並んで寄り添うことが大切です」

ある5％セールスは話してくれました。

嬉しい、楽しい、悲しい、残念である、といった感情を共有できる状態をつくることが第一ステップです。

しかし、自分の感情をさらけ出すのは抵抗があります。「感情共有してください」と再現実験でいきなり95％セールスに伝えても、みな実行できませんでした。

そこで私たちは、「冒頭3分の雑談」を実験しました。

雑談は、相手との共通点を探るコミュニケーション手法です。拙著『AI分析でわかったトップ5％リーダーの習慣』で、優秀なリーダーは社内会議の冒頭2分で雑談をすることで参加者の発言数を増やしている、という話をしました。

当初は「冒頭2分」で再現実験を行ったのですが、挨拶や名刺交換、自己紹介などがあるので2分は短すぎるとフィードバックがあり、「冒頭3分」で実験することにしました。

「冒頭3分の雑談」の再現実験において、「寒い」「暑い」などと世間話を言い合うだけでは、なかなか相手の反応は思わしくありませんでした。

そこで、5%セールスがなにげなくやっていたFECの質問を真似してもらうことにしました。

FECとは、事実（Fact）＋経験（Experience）＋相手を気遣う質問（Care question）の頭文字をとった言葉で、相手との共感を見つけ出す質問技法です。

「暑い日が続いています。（事実）
私は暑さが苦手なので、アイスコーヒーを飲む回数が増えてしまいます。（経験）
（あなたの）お体は大丈夫ですか？（相手を気遣う質問）」

「最近いかがですか？」と突然聞かれても、答えに窮してしまいます。

しかし、相手が先に自分の話をしてくれると、それに反応しやすくなります。

「体調はいかがですか？」とだけ聞かれても、「大丈夫です」「まあまあです」という返事が返ってくるだけで、そこから話はふくらみません。

しかし、「アイスコーヒーを飲み過ぎて体を壊した」という話をされたら、自分の話をしやすくなります。

「確かにドリンクの量は増えますね。私は仕事の後のビールの量も増えます（笑）」などと顧客が返してきたら、自己開示が少し始まった証です。

「私もビールはやめられません。プロジェクトが成功したら、冷えたビールで祝杯をあげたいですね」

「そうですね」

このようにまず自分の話をすることで、相手にも自分の話をしてもらうことを促すことができます。こうした会話が心理的安全性の構築につながっていきます。

いきなり仲良くなることはできませんが、共通点を探しながら徐々に関係性を近づけていくことで、抱えている問題や反対意見などを言い合える関係をつくることができるのです。

自分よりも顧客が評価されることを目指し、「共創関係」をつくる

心理的安全性を徐々に感じられるようになったら、次のステージは「**共創関係**」です。この段階で目指すのは、双方の目的を理解し合い、その達成に向けて共に協力し合う関係をつくることです。

セールスは商品を売ることが目的です。しかし、売り上げ目標を達成し続ければ評価されて、成果給が増え、昇進や昇格、抜擢のチャンスが訪れます。

これは、顧客側も同じです。その商品を購入したことで、所属する企業内や家庭内で評価をされたいのです。評価されれば、信頼が高まり、次に決断するときも任せてもらえる機会が増えていきます。

顧客の評価を高めようとするのが、5％セールスです。

5％セールスの多くは、自分の営業成績よりも、顧客の評価を高めることが第一優先であると考えていました。対面ヒアリングでは、「顧客の評価」や「相手の評価」「顧客が認められる」といった相手の評価に関する発言頻度は、95％セールスの2・4倍もありました。

5％セールスは、売った後に〝違い〟を見せます。

「顧客が評価されること」を目指すのです。

故障や不具合があったらサポートするといったアフターフォローではなく、不具合がなくてもサポートするのです。

特に法人顧客は、購入することが目的ではなく、それを導入して浸透・定着することによりコスト削減や業務効率を向上することが目的です。そこで販売後に、導入手配、使用方法のトレーニング提供、導入後の効果測定などを行うことで、相手から信頼を得ます。

特に、最後の効果測定に力を入れます。

購入したことの効果を定量的に抽出し、購入担当者の上司へ報告する資料のサポートをしているのです。上司だけでなく、さらに経営層へのアピールに使えるようなデータも集めます。

「購入してくださった顧客が社内で表彰されるようにしたいのです」

そう話してくれた5％セールスは少なくありませんでした。

顧客の方にお願いして「購入者の声」や「導入事例」などに登場してもらい、プロモーションに使うことがあります。

担当者が自社をアピールするより、顧客からの声のほうが信ぴょう性があるからです。

こうしたかたちで顧客に協力してもらうことは、顧客をヒーローにする効果もあります。プロモーションを目にした顧客の家族や社内の人から、「すごいね、見たよ！」と家庭や社内で声をかけられたら、登場してくれた顧客の方も嬉しいものです。

またプロモーションが広く浸透すれば、顧客の会社の認知度を上げることもできます。

こうして自分だけではなく相手の評価も考え、顧客をヒーローにするのが、5%セールスの特徴です。

顧客側の社内評価が上がれば、追加契約の可能性も高まります。

このような「共感・共創関係」を持っている顧客がどれだけいるかが、成果の継続性に大きく影響を与えることが調査で判明しました。

部門の壁を越えて、社内をうまく「巻き込む」

5％セールスが持つ「巻き込み力」は、社内でも効果を発揮します。

彼らは社内を巻き込むときに、「〜すべき」という言い方を好みません。

こうした言い方は、「外発的動機づけ」になるからです。

外発的動機づけとは、他者からの刺激や報酬によって行動を起こす動機づけのことを指します。つまり、報酬や評価によって動機づけられることです。

こうした他者からの動機づけは、一時的には効果があっても、長期的には問題が生じることがあります。たとえば、報酬や評価がないと動機づけが失われ、行動を起こさなくなったりするのです。

特に部署をまたがる調整の際には、相手を心地よく動かす巻き込み力が必要です。

近年、日本でも欧米型のジョブ型雇用を検討する企業が増え、それとともに成果主義が加速し、個人や組織の職務責任が定義されるようになりました。

つまり、自部門の守備範囲がより明確になった一方、その範囲外のことはやらない、という風潮が高まっているのです。

このように職責が明確になることで、他部門の協力を得ることも難しくなってきます。

このような部門の壁が存在する中で、5％セールスはどうやって社内調整を行い、協力を取りつけているのかを、私たちは調査・分析しました。

すると、次に挙げる3つのアクションを実行している確率が高いことが分かりました。

①協力してくれた人の上司にお礼を伝える

たとえば、セールスが開発部門の吉田さんに協力してもらい、受注したとします。

そんなときは受注直後に、協力してくれた吉田さんの上司にお礼を伝えていたのです。

「吉田さんがすごく協力してくれて、こんなに大きな案件がとれました。おかげで会社に大きく貢献できたと思います。ありがとうございます」

このように伝えると、「吉田さんはこういうことをしてくれたのだ」と上司が認識し、吉田さん本人に伝えてくれます。

「営業部の越川さんがあなたの協力に感謝していたよ。ありがとう」

協力してくれた人の評価を上げるために、しっかり上司にお礼を言っていたのです。


こうした第三者を経由して褒めることを**「間接承認」**といいます。

直接本人から言われるより、評価者である上司から認められたほうが嬉しいものです。

そして、こうした嬉しさを感じたら、その後は率先して協力してくれるようになります。

②ビジョン・情熱を共有する

ビジョンとは、山登りして頂上で見える景色のことです。

「頂上に着いたらこういう景色が見えるよ！　素晴らしいから一緒にやりませんか！」と伝えるのが、ビジョンを共有するということです。

巻き込むのが下手な方は、「〜すべき」でプロセスを説明してしまいます。

「頂上に登るには何時に寝るべき」「何時に起きるべき」「荷物はこれを持つべき」「歩く姿勢はこうすべき」……。それでは「いちいち面倒くさいな」と思われてしまい、人を巻き込むことは難しいでしょう。

それよりも、「達成したらどんなメリットやベネフィットが得られるか」をイメージさせて、「それならやってみよう」と思わせる。これが内発的動機づけです。

ちょっとしたワクワク感を醸し出すのです。

③共通の敵を見つける

個人や組織の職務責任が明確になっていくと、境界も明確になりますから、争いが生じやすくなります。組織長の方針や達成すべき目標、ビジョンが異なる部門に働きかけて、自部門のために協力を取りつけるのは困難です。

そんなとき、5％セールスは「共通の敵」を相手に意識させるのだそうです。たとえば同業の競合他社を敵として意識させることで、共同戦線を張ろうと働きかけるのです。

「共通の敵」は、人や会社に限りません。「共通課題」を提示することで、協力を取りつけることもできるでしょう。

両部門の目標を達成するために解決が必要な課題を見つけることができれば、共に協力し合って達成しましょうと言って、動機づけすることができるのです。

こうして競合他社や共通課題を倒すプロセスにおいて一体感を持ち、達成できれば、勝利を共有し合うことができます。

人の行動をコントロールするのは感情です。

相手の感情を意識しながら、心地よく巻き込み、チーム戦で難題と立ち向かいましょう。

トラブルは逃げずに「対応する」

成果を出せずにもがいている95％セールスは、トラブル対応を軽視します。かたや５％セールスは、逃げずに対処することで、顧客のイカリ（怒り）をリカイ（理解）に変えて、トラブル前よりも良好な関係を構築します。

「怒り」というのは二次感情です。一次感情で「悲しさ」や「憤り」などのマイナスの感情が溜まって、それが溢れると「怒り」に変わります。

我慢の許容範囲がコップの大きさで、マイナスの感情が水だとします。コップに溜まっていく水が一次感情で、水が溜まりすぎてコップからあふれると、二次感情の「怒り」に変わるということです。

人によってコップの大きさは異なりますから、怒りやすい人もいます。

相手に寄り添うには、この一次感情を理解しないといけません。一次感情を理解することが「共感」です。

たとえば、有料のオンライン会議サービスが終日まったく使えなかったとします。サービス契約書には、100%使えないこともあることが記載されています。1か月のうち99・9%の利用は保証し、0・1%の時間（約7・3時間）は利用できなくても返金保証しないと書かれています。

「契約で保証している時間を0・05%下回ったので6千円の返金手続きをします」

サポート担当者の説明がこのように杓子定規だと、顧客が怒りを爆発させる結果になります。それによって、これまで長年続いてきた顧客との良好な関係をゼロにすることはできないので、セールスが謝罪訪問することになります。

「謝罪訪問は、頭を下げに行くことが目的ではない」

ある5%セールスは熱く語ってくれました。

自分の上司を連れて謝罪訪問した際に、謝ることが目的であると勘違いした上司が再発防止策に触れずに帰ろうとして、顧客を激怒させたことがあったそうです。

顧客は、今後もサービスを使い続けてよいのか、今後もこの会社と付き合っていて大丈夫なのかを判断します。

そこで顧客は、頭を下げて謝罪する姿を見たいわけではありません。そのトラブルによって自分たちがどれだけ苦労したか、共感してほしいのです。そのうえで、トラブルの発生原因をしっかり理解し、再発防止策を説明してほしいと思っているのです。

「信頼して使用していただいていた弊社のサービスが停止し、業務に影響を与える結果となってしまいました。そのトラブル対応で社内を奔走し、徹夜状態であったと聞いております。誠に申し訳ございません」

こうした一言があれば、相手の一次感情に寄り添う姿勢を感じ取ることができます。

顧客の被害状況について、事前に担当者にヒアリングしているのが優秀なセールスです。相手の痛み・悩みを共感することが、相互理解の起点となります。

「相互理解を実現するためには、言葉選びが重要である」

5%セールスはそう語ってくれました。

たとえば、相手に不快になるような言葉を使わないようにしていたそうです。

「製品仕様なので仕方ありません」、「これは本社がやったことなので」

5%セールスは、そのような発言は決してしません。

「仕様」という言葉を持ち出したり、「本社が」と発言したりすると、(それが事実であったとしても)他人事や他責にしているように思われてしまいます。

製品トラブルを起こしたのは、工場や経営陣の責任かもしれません。しかし、顧客と相対しているのは、会社の代表としてのセールスです。

個人ではなく会社としての説明が求められているのに、「自分のせいではない」「私も被害者です」という素振りを見せてしまったら、相手は聞く耳を持ってくれません。

相手の課題に寄り添い、相手の目的を考え、その達成に向けてNGワードを使わずに説明するのが、5%セールスです。


ビジネスシーンでも、ピンチはチャンスです。

本当に感情がぶつかり合うトラブル現場は、腹を割って話すチャンスです。

逃げずにしっかりと対話すれば、「他の会社と違って逃げずに真摯に対応してくれた」と評価が上がるケースもあります。

正しく対処すれば信頼が高まり、キャンセルどころかアップセル（追加契約）につながります。

これは、5％セールスの知見であるだけでなく、私がこれまで500件以上の謝罪訪問を経験して実感したことでもあります。

「学びたい・成長したい」メンバーの欲求に応える

２０１９年に労働基準法が改正され、いわゆる働き方改革関連法が施行されました。多くの企業が残業抑制に動き、消灯して早く帰らせようとする職場が続出しました。

しかし、匿名でアンケートをとったところ、**20代・30代では「残業削減に反対」と回答する人が71%もいました。**

残業上限を気にせずに働きたいと考える若手社員が予想以上に多かったのです。これは営業部門にも当てはまります。翌日に大型商談が迫っているのに、準備が終わらないまま帰るわけにはいきません。

最も多かった理由は「残業代が欲しい」ではなく「スキルアップしたい」でした。特にセールス部門ではこの傾向が顕著でした。取り扱う商品のリリースサイクルが早くなったことで新製品の機能を勉強しなくてはならない、顧客と話を合わせられるように勉強して

図22 残業削減に賛成ですか？反対ですか？

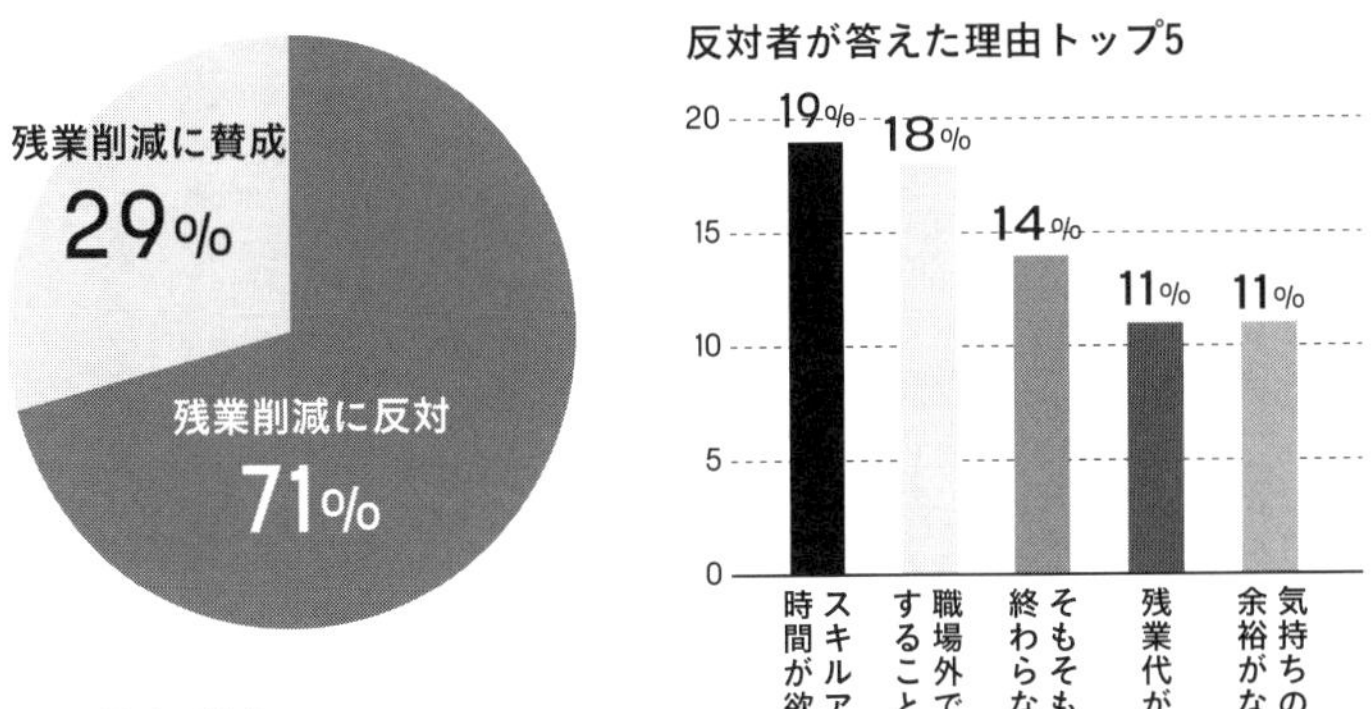

クロスリバー調査
2021年9月アンケート実施
回答者2,103名（20代・30代）

テクノロジートレンドなどにキャッチアップしないといけない、といった声がありました。

会社の仕組みの中で一人前になりたいと考えている20代・30代が多いのではないかと考えられます。

20代・30代の転職理由は「人間関係」がいまだに1位ですが、匿名のアンケートによると、この「人間関係」の中には「自己研鑽を認めてくれない上司」や「残業禁止を訴える人事部」に対するものも含まれているようです。スキルアップの機会を求める若者は多いのです。

たとえば、製造業に勤務していた31歳の5%セールスは、コンサルティング能力を高めて顧客の課題解決に活かしたいと思っていたのに、会社からの指示で早く退社せざるを得ず、これが不満で競合他社に移ったそうです。

自己研鑽を労働時間に組み込むべきかどうかは会社として難しい判断です。

しかし、学びたい・成長したいという社員のエネルギーを無視してしまうのは、もったいないと感じます。

5%セールスからのフィードバックでこの課題に気づいたあるIT企業は、「学び方改革」を実践しました。営業部門が受講したいという研修プログラムを募集したのです。

すると、研修を管理する人事部にとって予想外の要望が出てきました。

顧客の会話内容を理解するための「プログラミング初級」、課題を掘り下げて考えるための「デザイン思考」、顧客との定例会議をうまく仕切るための「ファシリテーション」……。

営業部門が多種多様なスキルを身につけたいと思っていることに、人事部が気づいたのです。

そこで、その会社は「学び方改革」と称して、会社が受講させたい研修プログラムと、アンケートで上位に挙がったプログラムを並べて、年間で5つを選んで受講するようにしたのです。レストランのビュッフェ方式、福利厚生プログラムのカフェテリア方式です。

この学び方改革を2年間推進したところ、その企業では20代後半の離職率が約3分の1になったそうです。

もちろん「学び方改革」だけで改善をしたわけではありません。職場環境や他社の報酬水準など様々な要素が絡み合っています。

しかし、「自己成長」と「自己選択権」を組み合わせた取り組みは、社員満足度調査で79%の社員が「満足」と回答し、残業をしたいと回答する人が25%減りましたので、良い方向に向かったことがうかがえます。

同社では追加調査で「自己成長」を掘り下げました。すると、**一つのスキルを掘り下げて専門家になるよりも、専門分野を複数持ちたいというニーズが増えている**ことが分かりました。5%セールスに特化すると、この傾向は顕著です。おそらく副業を含めた多様なキャリアアップを模索しているのでしょう。

一つに絞られてしまうと、汎用性が薄くなりリスクが高まってしまうので、軸足を増やしたいという傾向だと推測します。

図23 主観的幸福感を決定する要因の重要度

神戸大学の調査結果（2018年）

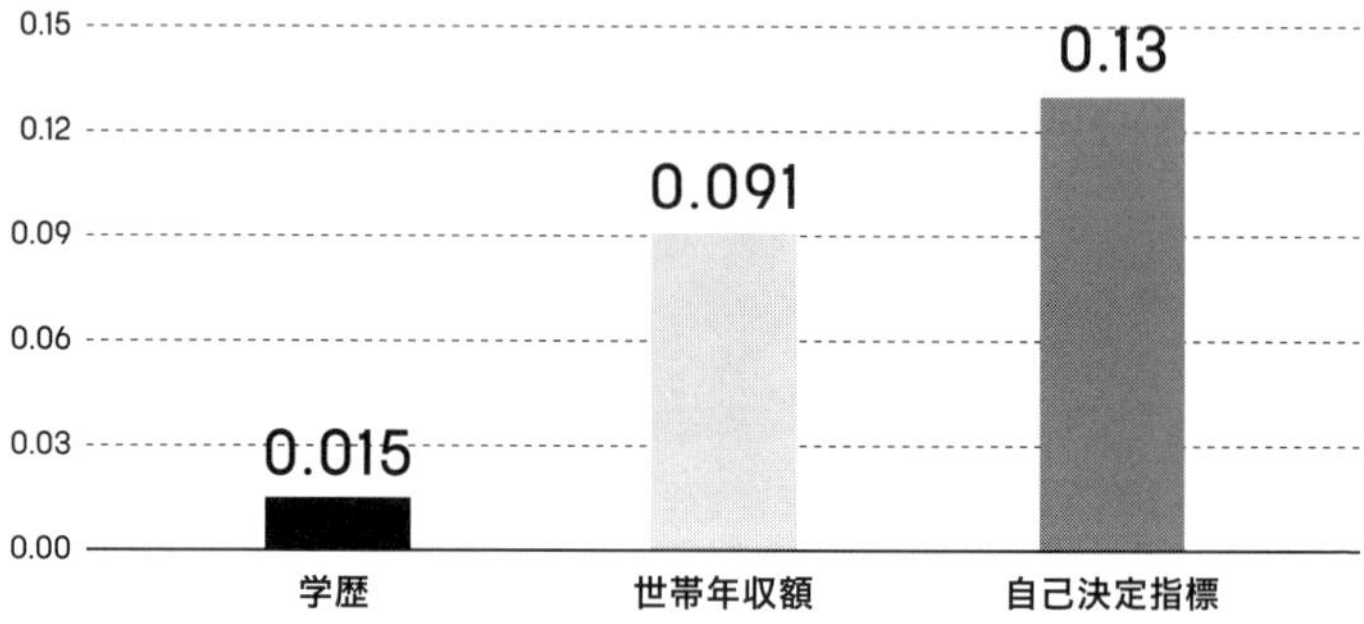

出典：https://www.kobe-u.ac.jp/research_at_kobe/NEWS/news/2018_08_30_01.html

同社はまた、「自己選択権」についても調査をしました。

神戸大学が2万人を対象にしたアンケート調査によると、所得よりも「自己決定」が幸福感に強い影響を与えることが分かったそうです。

これまでは、会社や上司、人事部が決めたことに従うことが主流でした。モラルや規律を守るには、こうした命令型の組織がうまくいきます。しかし、新たな営業手法を模索したり、現在の業務プロセスを改善する場合には、「従うこと」ではなく「自分で考えて行動する」ことが求められます。

成果を出し続けている営業チームをみると、

自走するチームを目指していることが分かりました。エース人材である5％セールスに完全依存することなく、他のセールスにも「自分で考えて行動する」ことを浸透させている自立型組織です。

この自立型組織が実践しているのが、「自己選択権」による自律学習です。

小売業の5％セールスはこのようなことを言っていました。

「働き方改革のゴールは、選択権の獲得です。自分の好きな仕事を好きなようにやりたい。好きな場所で好きな人と仕事がしたい。だから成果を出し続けて評価されることが必要なのです」

命令型で「やらされ感」のある働き方改革ではなく、自己選択で自分のなりたい姿に近づくための学び方改革は、会社も社員も成長するための取り組みになるのではないでしょうか。

ティーチングとコーチングで「自走するチーム」をつくる

5%セールスは、周囲とどのようにコミュニケーションをとっているのでしょうか？分析したところ、ティーチングとコーチングを使い分けていることが分かりました。

ティーチングは、「(自分が知っている)答えを教えること」です。

一方、コーチングは「(相手の中にある)答えを引き出すこと」です。

つまり、教える側が答えを持っているのがティーチングで、相手が答えを持っていると信じてそれを引き出すのがコーチングです。


特にセールス部門で新人に対する指導に悩む先輩社員は多いです。

多くの企業では、新卒入社組をセールス部門に配属して修行を積ませます。

実際のビジネスを経験したことのない新人は、言葉づかいや服装などの初歩的なマナーから顧客の課題を聞き出す方法まで、右も左も分かりません。

そのような新人たちに、先輩社員たちは気をつかい、言葉選びや指導方法に悩んでいるのです。

成果の出し方は昔のように画一的ではなく、複雑になってきました。

言われたことだけをやるのでは、成果を出せなくなってきています。

自分で考えながら行動する「考動」が求められます。

ティーチングだけでは、言われたことだけをやる「受け身」人材になってしまいます。

5%セールスはチーム内のコミュニケーションで、状況やメンバーの成熟度を踏まえてティーチングとコーチングを使い分けて、組織全体が考えて動く「自走するチーム」をつくろうとしていました。

ティーチングとコーチングを使い分ける3つのポイント

後輩や部下、同僚に接する際、ティーチングすべきかコーチングすべきかを決めるのは3つの要素があるようです。

一つめは、情報量と経験量です。

相手と比較して自分のほうが情報量または経験量が多い場合、ティーチングをします。社会人経験の浅い新人や、他部門から異動してきたスタッフにはティーチングします。年上であっても入社間もない人には、社内事情や社内政治をティーチングします。

情報量や経験量に差がない場合は、コーチングを用いるケースが多いです。

考えさせ、気づかせたいときにはコーチングを、答えや情報を教えたいときはティーチングを用いるのです。

2つめは、緊急度です。

自走するチームをつくるためには、すぐに答えを教えてしまうのは良くないのですが、トラブル対応や期限が近づいているときなど緊急性が高い場合は、解決のための答えを持っているほうからティーチングします。

逆に緊急度が高くなく、かつ同じ質問をしてくる相手には、答えの見つけ方をコーチしてあげるのが良いのです。

3つめは、成熟度です。

自立的に考えて行動するメンバーを増やしていくには、コーチングが有効です。

答えを教えてもらうことに慣れると、自分で考えないようになり、目の前の状況を自分事として受け止めず、他人事として見てしまいます。

ただしコーチングが有効なのは、あくまで基礎的な知識を持っている人で、実行力がある人です。

靴の履き方が分からない人に対して、走り方のコーチングはできません。

まずは、靴の履き方をティーチングして、自分で走ってもらいます。

頑張って走っているのに速くならなかったり、関節を痛めてしまったりしたら、走り方についてコーチングするのです。

セールスの現場では、言葉遣いや服装はティーチングです。まず教えたとおりに実践してもらい、さらに良好なコミュニケーションをとるための方法は考えてもらうのです。

未熟な人にコーチングをしても、相手は困惑します。

靴の履き方のように今も昔も答えが一つのものは、ティーチングしてあげたほうがよいでしょう。

そのうえで、走る姿勢の整え方や速く走る方法など、答えが複数あったり、答えが進化して移り変わったりしているものには、自分に適した答えを導き出す方法、つまり個人最適化を促すようにコーチしたほうがよいのです。


ですから、この本もコーチです。

読者の皆さんは、仕事の基本は押さえていると思います。

しかし、成果を出し続けるための行動習慣は人それぞれです。

そこで、各社のトップ5%セールスの行動習慣を紹介しています。

これらの行動習慣の中から、自分に合いそうなものをピックアップして試して欲しいのです。

読後に行動実験して、効果が出たら続けてください。効果が出なかったら他の実験を試してみてください。こうした行動実験の繰り返しで、あなたなりの正解を手にすることができます。


チームのメンバーが答えの出し方が分かってくれれば、強いリーダーが細かく指示を出さなくても自分たちで考えて営業活動するようになります。

これが理想の自走するチームです。

COLUMN

分散型自律組織ＤＡＯ

ＤＡＯという言葉を聞いたことはありますか？

ＤＡＯのＤはDecentralized（ディセントラライズド）。中央集権ではなく、皆フラットな関係性であることを意味しています。ＡはAutonomous（オートノマス）で、自主的、自律的を表しています。そしてＯはOrganization（オーガナイゼーション）で、組織を意味しています。

これらの頭文字をとって、ＤＡＯ＝分散型自律組織と呼ばれています。

コロナ２０１９でリモートワークを初めて経験した方もいるでしょう。「仕事＝会社に行くこと」ではないということに気づいた方もいるでしょう。

リモートワークは、一過性の働き方ではなく、場所にかかわらず成果を出し続けるための手段として永遠に残ります。訪問営業であってもオンライン営業であっても、提案を続け、成果を出していかないといけません。

また、社会環境やテクノロジーの急激な変化により、顧客や市場のニーズも変化します。昔のやり方が通用しない世界です。

10年前にやっていた営業方法は通用しなくなっています。顧客や市場の変化について、社内、特に上層部は察知できなくなり、迅速な判断ができなくなります。

社外の変化を真っ先に感じ取るのが、前線にいるセールスです。日々顧客と接し、最も外部と接している代表的な職種の一つです。

こうした変化を敏感に受け止めている現場のメンバーたちに決定権（裁量権）を与えないと、タイムリーな行動がとれなくなります。

たとえば、競合他社が商品を値下げして陳列してきたら、本部の会議を待っていたらシェアを奪われてしまいます。一定の原価率を下回らないように基準を決めて、現場に価格決定権を与えることで、迅速な対応ができ本部の会議も減ります。

言われたことだけをやる命令型階層チームではなく、自分たちで考えて動く「自走する」チームがＤＡＯです。チームで用意した提案書をただ読み上げるのではなく、相手に合わせて説明方法や力の入れ具合を変えていくことで成約率を高めていく必要があります。

ＤＡＯは、権限を中央に集中させずに分散します。ブロックチェーン技術を利用して、参加者が中央集権的な管理者なしに決定をすることができます。

ＤＡＯでは、トークンという形の決定（投票）権を持つメンバーは、地位や役職に関係なく組織の意思決定にかかわることができます。

企業がすぐにＤＡＯになるわけではありませんが、組織が分散していても協力し合って目標を達成していくスタイルは、現在のセールス活動に求められます。時間や場所に関係なくチームで協力し合うことができるセールスチームは、各社で突出した成果を出していきます。

一人の能力だけで商談を完結することが難しくなっていくなかで、５％セールスのように他部門や顧客の力を借りて、課題を解決していくことが求められます。働く場所に依存することなく関係者を巻き込み、自分たちで考えながら行動を進めていくセールスのあるべき姿は、ＤＡＯの活動方法と似ていると思います。

第6章

オンライン商談の成約率をアップさせたアクション

「よろしくお願いいたします」で商談を始めてはいけない

現在は、「お客様は神様です」という時代ではありません。

セールスも顧客が抱える課題に共感し、顧客と一緒に解決策を考えていくことが求められる、「共感・共創」の時代です。

5%セールスのオンライン商談の様子を記録・分析したところ、彼らの多くは、既存顧客と商談する際の冒頭に「よろしくお願いいたします」と言わないことが分かりました。

個別のヒアリングによると、その理由は2つありました。

一つは、関係性の確認です。

商談で開口一番、「よろしくお願いいたします」という敬語を使うと、上下関係がはっきりしてしまうので、あえて避けているのだと、ある5%セールスは言っていました。

また、物流会社の5％セールスはこう発言していました。

「顧客とは上下関係ではなく、対等な関係にしたい」

「上下関係がはっきりしてしまうと、無理な要求をされたり、解決を丸投げされたりなど、顧客の言いなりにならざるを得なくなり、十分な利益を確保できないまま時間を奪われてしまう」


2つめの理由は、相手にプレッシャーを与えるからです。

顧客側、つまり商談相手に調査した際、こうおっしゃる方がいました。

「よろしくお願いいたしますと言われると、契約をお願いされているように感じて、売り込まれているのではないかと一歩引いてしまう」

共感・共創関係であることを意識して交渉の席についているのに、一方的に「お願い」されてしまうと違和感を覚えるのだそうです。

セールスは「おはようございます」や「お世話になっております」といった挨拶と同じ感覚で「よろしくお願いいたします」と言っているのに、顧客には違った捉え方をされてしまうことがあるようです。

そのように捉えられる可能性があるのであれば、避けておいたほうが得策です。

では、5%セールスは何と発して商談をスタートしているのでしょうか?

録画・録音データを分析したところ、**「感謝・ねぎらい」からスタートする確率が95%セールスよりも2・4倍も多かったのです。**


「本日はお時間いただき、有難うございます」

「暑い中お疲れさまです」

といった発言が多く、無意識に相手の気分を高めて対等な関係を築こうとしているように思えました。


こうした「感謝・ねぎらい」が成約率にどの程度直接影響を与えたかは分からないものの、成果を出し続ける5%セールスに共通する習慣であることは事実です。

社名だけでなく相手の「名前を呼びかける」

5％セールスの商談で特徴的なのは、相手の名前を呼ぶ傾向が高いことです。

しかも興味深いことに、会社名だけでなく目の前の相手の名前を呼んでいるのです。

たとえば、「トヨタ自動車さん、本日はお時間いただきありがとうございます」ではなく、

「トヨタ自動車の吉田さん、本日はお時間いただきありがとうございます」と呼びかけているのです。

取引経験が少ない顧客との商談では、会社名しか言わないセールスが多かったのに対し、5％セールスは確実に相手の名前を呼びかけていました。

5％セールスが名前を呼ぶ比率は、95％セールスに比べて1・8倍も多かったのです。

「商談をしているのは、会社対会社である前に、人対人である」

そう言い切る5％セールスもいました。

オンライン商談ではカメラをオフにしている顧客も多いことから、相手の名前を呼びかけることで当事者意識を持ってもらうようにしている、と話す5％セールスもいました。名前を呼ぶことで、相手の集中力を高めることもできます。

名前を呼ばれるとドキッとして緊張感が高まり、集中して話を聞こうとするのです。完全にリラックスした状態よりも、多少緊張している状態のほうが話を聞いてもらえるのです。

管理職等を対象にしたトップ5％リーダーの調査でも同じような声がありました。メンバーのやる気をあてにせずに行動を継続する仕組みづくりに励む5％リーダーは、会議の冒頭でアジェンダと参加者の名前を読み上げて、会議中の内職率を3分の1以下に改善させていたのです。

オンライン商談は、訪問型の対面商談に比べて緊張が緩みがちです。

他の仕事が気になったり、ネットニュースやSNSを眺めてしまうこともあるでしょう。

そんな状況を察して、相手に〝傍観者〟ではなく〝当事者〟になってもらうために、名前を呼びかけて、しっかりと対話しようとしていました。

ある5%セールスは、名前を呼ぶという行為は、「あなたに関心を持っていますよ」とサインを送っているのと同じだ、と言っていました。

「あなたの課題を解決したい」「あなたをヒーローにしたい」という思いが強い5%セールスは、おのずと会社名よりも人の名前を呼びかける傾向にあります。

商談のスタート時に相手の名前を呼ぶことをすべてのセールスに徹底させたあるIT企業は、顧客からの反応が良くなり、その後の商談成約率改善につながったと話してくれました。

会社ではなく人に興味を示し、人対人で対話する。

こうした地味な言動で、少しずつ相手との距離を近づけ環境を強化していくのでしょう。ローリスク・ローリターンの行動を積み重ねると、信頼も積み上がり、盤石な関係を構築しやすいのです。

5%セールスは、こうした人間関係の構築によって、ずっと成果を出し続けることができるのでしょう。

説明は情報を絞り、顧客に「質問させる」

「（自分たちが）伝えたいこと」と「（相手が）知りたいこと」にはギャップがあります。

5％セールスは、次のように発言しています。

「100の情報を伝えたら100伝わることはない」

「情報が多ければ多いほど相手は納得しやすいわけではない」

また、こう言っている小売業の5％セールスもいました。

「一生懸命に伝えても、相手が記憶に残すのはせいぜい20％ぐらい」

つまり、セールスが商談に臨むとき、100％の情報を用意しなければならないということはないのです。

5％セールスは、「最初は70％程度の情報を伝えれば十分。それを聞いた顧客が、もっ

図24 自分たちが「伝えたいこと」と
相手が「知りたいこと」にはギャップがある

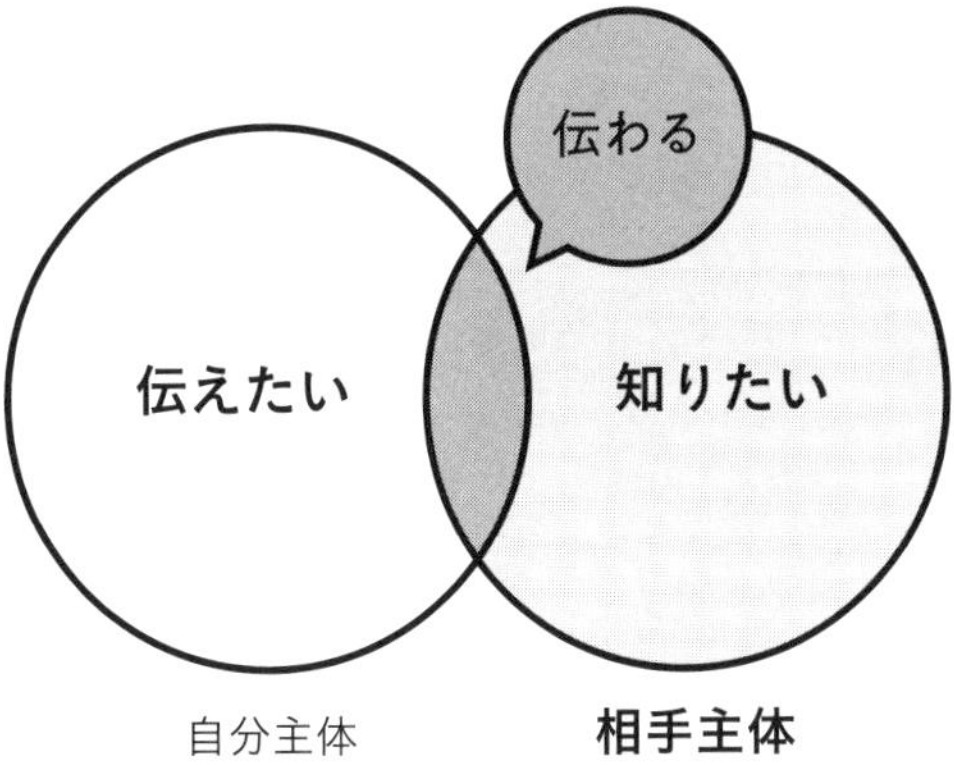

と詳しく聞かせてほしいと質問してくるぐらいがちょうどいい」と言っていました。

では、情報をどのように絞るとよいのでしょうか？

5％セールスは、相手の興味関心、相手の課題、相手の環境、相手がどういう人か、といったことを理解したうえで、「相手が知りたいこと」を仮決めして、それを提示していました。

また、「相手にどういう行動を起こしてほしいか」ということから逆算して情報を絞っていくのも重要です。

顧客が持っている課題をイメージさせて、その課題の解決を自分事として考えてもらうよう誘導するのです。そのためには、商談の冒頭で説明する情報は、考えるきっかけを与える情報に絞ったほうがよいのです。

顧客からの質問が増えれば、成約数は伸びる

B2B向け商材を扱っているA社の事例をご紹介します。

A社が扱っているのは、ウェブの商品説明を読めば機能や価値が簡単に分かるような商品ではなく、じっくりと説明する必要がある「説明商材」だったので、セミナーで導入事例や導入効果を紹介しました。1時間のセミナーですべての機能や事例を紹介することは不可能だったので、参加者のニーズに合致しそうな情報に絞ってコンパクトに説明し、最後の15分を質疑応答に充てたのです。質問が出なければセミナーはそこで終え、質問が多く出れば延長して対応しました。

合計212回にわたるセミナーでの質問率（質問数／参加者数）と9か月以内の成約数は図25のようになりました。

セミナーを始めた当初は、成約数が伸び悩みました。説明が主体となり、質問はあまり出ませんでした。

図25 参加者からの質問率と9か月以内の成約数の散布図

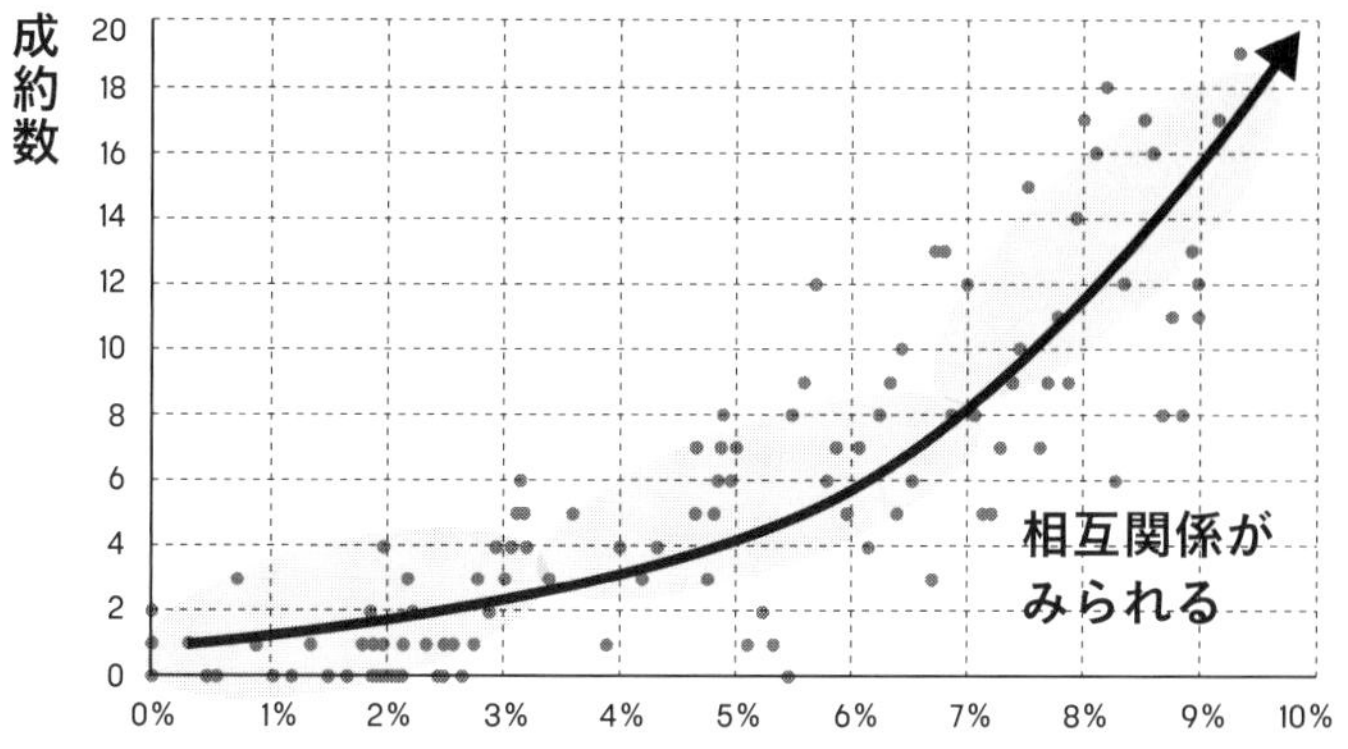

18社115件のウェブセミナーの結果分析、2019.10-2022.11、クロスリバー調査

質問数 n回／参加者数

そこで説明する情報量を絞り、他の参加者からの質問例を紹介するようにしたところ、質問数が増え、セールス部門にパスする案件（SL：セールスリード）が徐々に増えてきました。

このようにセミナー運営が慣れてきて営業案件が創出されるようになると、最初は懐疑的だったセールス部門も、既存顧客を率先してセミナーに招待するようになりました。そうしてマーケティング部門とセールス部門の連携が強化され、良いサイクルが回り始めた頃から成約数が増えていきました。

顧客に質問させることで検討する気にさせて、その様子を見てセールス部門が売る気になる。この好循環サイクルの起点となったのが「情報を絞って説明すること」だったのです。

ちなみに、クライアント企業18社のオンラインセミナーを分析したところ、参加した顧客の質問数が増えれば増えるほど9か月以内に購買する確率が上がることが判明しました。セミナーで個別質問をする顧客は当事者意識を持っている傾向にあり、回答後に検討に進むケースが増えています。

本番前の「テスト通話」で音の失敗を避ける

5％セールスはローリスク・ローリターンの行動実験を繰り返し、失敗確率を下げながら成果を残します。リスク管理をしっかり行い、失敗確率を下げているのです。

オンラインの準備でも最も注力するのは、「音《おと》」です。

ノートPC内蔵のマイクは集音力が弱く、またノイズが入りやすいので、外付けマイクを使用します。

5％セールスは5000円～1万円程度のUSB接続マイクを使用していることが調査で判明しました。95％セールスの使っているマイクは2000～3000円程度でしたから、**5％セールスはマイクに2～3倍の投資をしている**ことが分かります。

高価なマイクは拾った音声を処理するコンデンサーがついているため、相手にクリアに聞こえます。また、指向性がありマイクが向いている方向の音を拾うため、生活音やキー

図26 雑音が入らないようにUSB接続マイクを使う

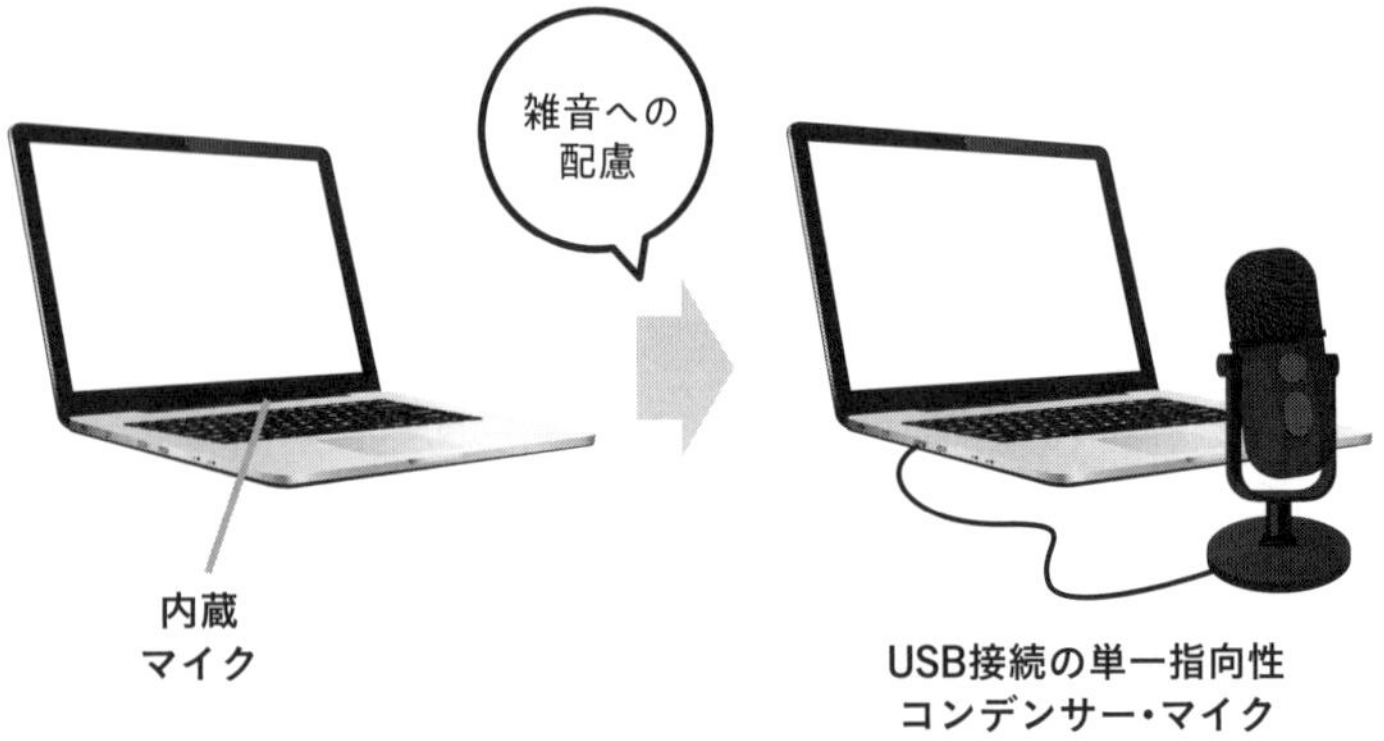

ボードの入力音などの雑音を拾いません。

5％セールスが気にしていたのは、相手のことでした。

大切な商談で相手に不快な思いをさせないように、自宅でペットの泣き声や呼び鈴、オフィスの話し声が入らないように気をつけていました。

オンラインで高額のマイクを用意したのに、商談本番で音が出なかったり聞こえなかったりするトラブルが発生します。

「聞こえていますか？　あれ？　いかがでしょうか？」という初めのやり取りで、顧客の大切な時間を奪ってしまっては、成約率を高めるどころではありません。

トップ5％セールスは準備に時間をかけて失敗確率を下げます。

本番15分前にパソコンの前に座り、「テスト通話」をして相手に聞こえているか確認します。

日本国内でよく使われているオンラインサービスであるZoomやMicrosoft Teamsでは、設定画面から「テスト通話」をすることができます。

マイクに向かって話した言葉が、インターネットを通じて相手にどう聞こえるのかを確認することができるのです。

この「テスト通話」で自分の声が聞こえなければ、マイクが正しく設定されていない証拠。他のマイクを取りつけたり、パソコンを再起動したりして、本番前に対処します。

このようにマイクが正しく認識されていないケースがありますので、大切な商談は15分前にはテスト通話しておくほうがよいでしょう。

Zoomの「テスト」は、設定画面から「オーディオ」＞「マイク」で使用するデバイスを選択します。（図27）

この一覧に表示されていないマイクは認識されていないことになります。

同じくマイクの設定画面にある「マイクのテスト」を実行し、自分の音声を確認できます。

図27 Zoomマイク設定画面

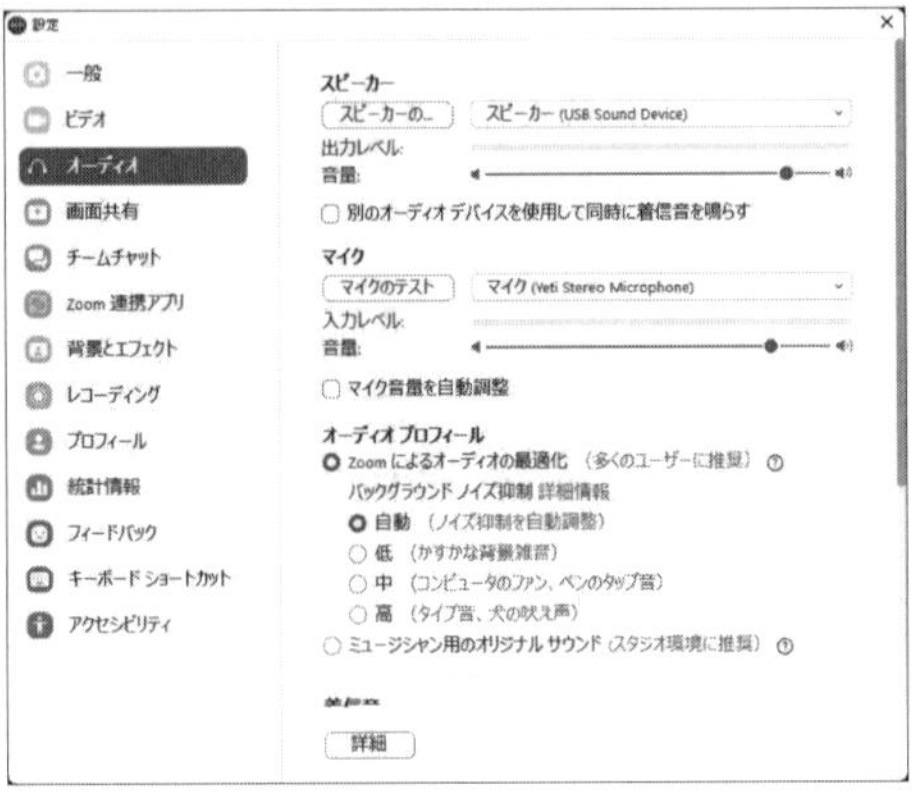

Teamsでは、設定画面から「デバイス」＞「マイク」で使用するデバイスが選択でき、その下にある「テスト通話を開始」で事前にテスト通話ができます。こうした事前テストを行っておけば、せっかくのチャンスを台無しにしなくて済むのです。

説明するときは、画面上の相手ではなく「Webカメラを見る」

相手と目を合わせるようとすると、ついつい相手のビデオを見てしまいます。

しかし、自分は相手の目を見ていても、相手は目を合わせることができません。

画面上に表示される相手を見てしますと、Webカメラを見ないことになり、相手からは目線を逸らして話す姿が映ってしまうのです。

オンライン商談で目を合わせて話しているようにするには、Webカメラを見ないといけません。

ついつい相手の表情が気になってしまいますが、**説明するときはWebカメラを見る必要がある**のです。


対面で商談をするときに、相手の目を見て話すのと同じようにするには、「Webカメラを見る＝相手の目を見る」であることを意識しないといけません。

5%セールスは商談時間の約6割はWebカメラを見て話していました。

95%セールスは、平均3割未満でした。

相手と目線を合わせるには、高さを合わせることも重要です。

上から覗き込むような映像が見えると、偉そうに映ります。

下から見上げるように話すと相手は違和感を覚えます。

237社にアンケートをとったところ、オンライン会議のビデオ映像が実際よりも悪く映ると答えた人は74%もいました。

そこで、オンライン商談に慣れている5%セールスは、Webカメラの位置を調整していました。

ノートパソコンの内蔵カメラを使うのであれば、段ボールや座布団の上にノートパソコンを置いて、椅子に座ったときの自分の目線の高さにカメラが来るように調整していました。

USB接続の外付けWebカメラを使用する場合は、簡易的な三脚の上にWebカメ

図28　カメラは目線の高さに

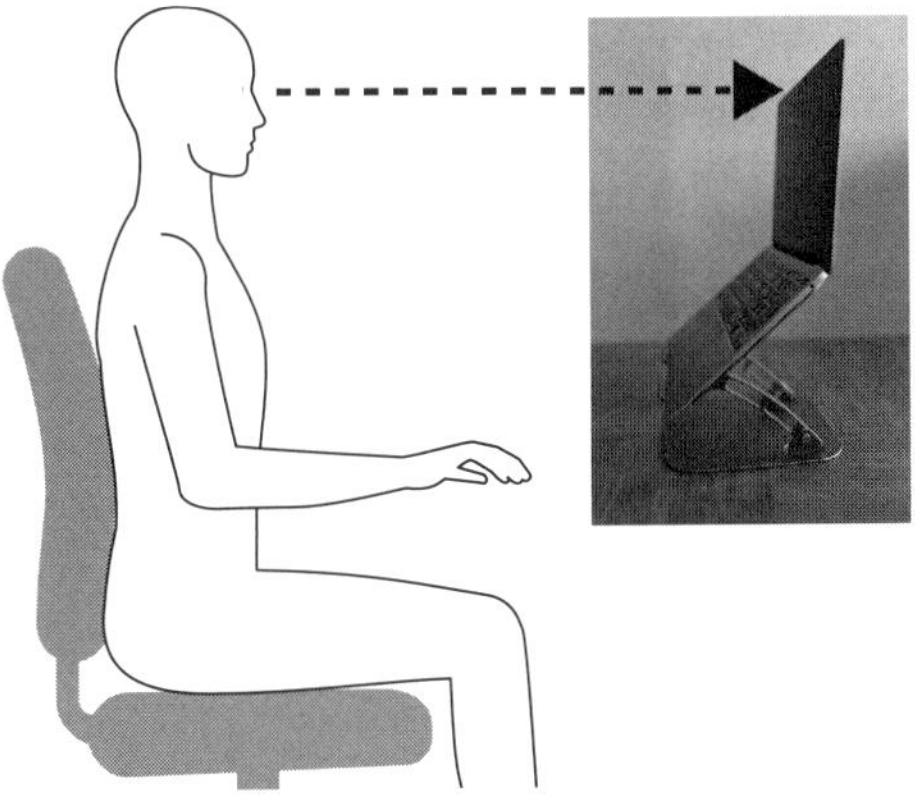

ラを設置し、目線の高さを同じく調整していました。

Webカメラを設置する高さを自分の目線に合わせて、Webカメラに向かって語りかけることで、相手の目を見て対話ができるようになります。

高額なカメラを自腹で購入するセールスもいますが、商談の成約率に直接的な影響は見られませんでした。解像度が粗くてきれいに見えなくても、目線を合わせて笑顔で対応したり、大きくうなずいて傾聴したりしている姿を見せることができれば、好印象を持たせることは可能です。

COLUMN

5%セールスは3年後のキャリアプランがない!?

あなたは3年後に向けてどのようなキャリアプランを持っていますか?

「出世して課長になりたい」「転職して給料を上げたい」といった具体的な計画を持っていますか?

優秀なセールスは、意外なことにキャリアプランを持っていませんでした。

「3年後に向けたキャリアプランは持っていますか?」という質問に対して、5%セールスで「はい」と答えたのは41%で、95%セールスは93%でした。

私も具体的なプランは持っていません。

なぜなら、3年後に世の中がどうなっているか分からないからです。

3年前に今の自分を想像できなかったのと同じで、変化のスピードが加速する中で、3年後の自分を予測することは困難です。

かといって漫然と日々をこなすことが正解ではありません。

「3年後のキャリアプラン」という具体的な目標がなくても、将来何をしたいか（＝will）というイメージを持っていれば、無駄なことに時間を浪費せずに済みます。

たとえば空いた時間を使って英語を勉強していても、自分がそれを将来どのように活用したいかというイメージを持っていなければ、学んで終わりになってしまいかねません。

それでは、何のために勉強しているのか分かりません。

そこで、たとえば英語力を活用してグローバル企業で活躍したい、といった願望（will）があれば、勉強するモチベーションも上がるでしょう。

キャリアを考える際、「will-can-must」**フレームワークを活用するといいでしょう。**

「自分がやりたいこと（＝will）**」「自分ができること**（＝can）**」「会社や社会から求められること**（＝must）**」をそれぞれ書き出して整理する**のです。

文字にして書き表すことで、視覚的に脳内を整理して、モヤモヤした不安から抜け出すことができます。

意欲が低いセールスは、mustだけを見て不平や不満を言います。

頑張っているのに成果が出ない人は、mustに不満を言って、willばかりを考える傾向があります。

やらなくてはいけないことがあるのは避けられません。

社長であっても、会社を守るためには気乗りしない仕事もやります。

会社や公的機関などに所属する人も、給与をもらうために仕方なくやっているタスクもあります。

会社の成長や、国の法律のためにmustが存在します。

このmustをコントロールしようとすると、ストレスが溜まります。

5％セールスの多くは、mustに関しては割り切って考えていました。また、willを持っている人は意外と少なく、「mustに向けてcanを大きくしていく過程の中でwillが見えてくる」と考えている方が多かったです。

会社や世の中から求められること（＝must）に対応できるようになる（＝can）うちに、社内外での評価が上がり、その中で将来やりたいこと（＝will）が見つかるというわけです。

自律学習や読書、オンライン講座、資格取得など、canを自分で大きくすることは可能です。5％セールスは、3年後のキャリアプランを持っていなくても、canを広げて

mustに重ねていく努力をしていたのです。

もし上司とキャリア面談を年1回行っていたら、そこで、1年前に比べてどのくらいcanが大きくなり、mustと重なる部分がどのくらい増えたかを振り返ってみてはいかがでしょうか。

その際、willが具体的に思い浮かばなかったとしても、「こういう人になりたい」「巻き込み力を身につけて社内調整をスムーズに行いたい」といったイメージを上司に共有すれば、それで十分だと思います。

「**キャリアは偶然の出会いで決まる**」と発言した5％セールスがいました。

自分の意志（will）には関係なく、他者からもたらされることが多いというのです。

社内異動したら思わず得意なことを見つけることができたり、営業先の顧客と仲が良くなりその会社に転職することになったり、と思わぬチャンスが舞い込んできて自分のキャリアに影響を与えることはあります。

こうした偶然の幸福をセレンディピティと呼びます。

セレンディピティは、行動すればするほど得られます。

行動量を増やせば、セレンディピティに触れるチャンスが増えるのです。

大型商談に偶然出会ったり、友人の知り合いが偶然に営業先の意思決定者であったり、職場の廊下ですれ違った人に社内異動を打診されたり……。

オフィスでＰＣと向き合っているばかりの人と、社内外を歩きまわっている人とでは、セレンディピティに出くわす確率は変わります。

５％セールスが大事にしているのは、キャリアプランをつくることよりも、行動量を増やし、セレンディピティに触れる可能性を高めることで偶然のキャリアを手に入れることだったです。

第7章

5%セールスの習慣を実践する方法

習慣化に必要な3つのこと

成果を出すことができるように、5%セールスの行動習慣を真似してみましょう。良いところは徹底的に真似してみるのが得策です。

正しい行動習慣を身につけるためには、どういった点を注意すべきか具体的に解説します。

セールスに限らず、トップ5%社員は、「新たな習慣」をつくることが得意です。周囲の変化に合わせて自分自身の行動を変えることができます。

恐竜のような強さではなく、環境に合わせてしなやかに変化する雑草のような力強さがあります。

トップ5%社員のデータをＡＩ解析して、彼らに共通する習慣のつくり方を抽出しました。

この共通点を「頑張っているけども成果が出ない人」に適用したところ、いくつか再現性の高いものがありました。

なかでも再現性が高かった3つのポイントをご紹介します。

①報酬イメージング

人が体を動かすのは、「何かを手に入れたいから」、もしくは「なりたいものになりたいから」です。

この「得られるもの」が不明確だと、行動に向けて一歩踏み出すことができません。

行動を継続できない人の特徴として、行動報酬、つまり行動によって得られるものが何かを意識できていないことが挙げられます。


5％社員たちにヒアリングしたところ、行動することによって得られる報酬を頭の中で映像化していることが分かりました。

ある5％社員は「コミュニケーションとは映像の伝達である」と言っていました。伝えたいことがあればまず自分の脳裏に映像を思い浮かべ、それを言葉などで伝えます。そうして同じ映像が相手の頭に思い浮かんだら、「相手に伝わった証」だというのです。

この映像化は、自分との対話においても同様であるとのことです。自分が達成した後の様子やなりたい自分を映像化して、動機づけをしていたのです。

たとえば富士山に登るときは、山頂から見える美しい日の出や、そこで食べる美味しいカップラーメンをイメージするそうです。

手に入れたいシーンをイメージして、そのイメージに近づけようと思うと勝手に体が動く――5％社員は、その感覚を大切にしていました。

たとえば、営業成績の向上を目的にするのではなくて、「好業績を残したことによって、欲しい車を購入することができた」「営業目標を達成してリーダーに昇格した」といったシーンをイメージしてみましょう。

自分がやりたいこと、なりたい姿、達成したいことを映像で頭の中にイメージすることで行動を強化するのが「報酬イメージング」です。

②視覚で集中できる環境を用意する

行動を起こそうと思っても、周囲には誘惑がたくさん存在します。

面白そうな漫画や美味しそうなお菓子が置いてあるとそれに目を奪われてしまいます。

仕事しようとしてスマホを手にとったら、ついSNSを開いてダラダラと過ごしてしまう、そんなことはよくあります。

こうした誘惑は、視覚に飛び込んできます。

視覚情報によって集中力を低下させないことが重要だと5％社員は発言していました。積み重なった本や散らかったペンや電源ケーブルを視覚に入れると、その情報を入力するためにエネルギーを使ってしまい集中力が低下します。

きれいに整えておくだけでなく、デスク周りの用品や機器を黒に統一している方も多くいました。

たとえば、黒のデスクマットを引いて、マウスもキーボードも黒に統一し、視覚に余計な情報を入れない工夫をしていました。

そのヒアリング結果を知った私は、趣味のフィギュアをデスクからどかして、黒のデスクマットを敷いて電源ケーブルを結束してみました。すると確かに作業に集中できるようになり、執筆スピードが高まったことを実感しました。

仕事場に集中力を邪魔するものを置かないことで、作業効率が高まります。

③周囲に宣言する

自分がある目標に向けて頑張っていることを周囲に宣言します。

たとえば簿記2級の取得を目指して勉強していることを職場の同僚や家族に宣言するのです。

周囲に宣言することにより、後戻りできず継続力を強化できます。

つまり周囲を巻き込んで自分の行動を強化するのです。

しかし、宣言が自慢にならないように気をつけてください。

「私は勉強を頑張っているのだ」「あなたは何もやっていないの？」と上から目線で相手をマウンティングしないようにしてください。

あなたの宣言を聞いた人が妬んで足を引っ張ってくる可能性があるからです。

自分の努力を素直に応援してくれる家族や親友など関係性の深い人に、「今年はTOEICで800点とります」「9月までに残業時間を20％減らします」と宣言しましょう。

宣言したからには途中で投げ出して恥ずかしい思いをしたくないという感情がはたらき

ます。
くじけそうになったとき、宣言を聞いた人が助けてくれることもあります。
新たな行動を継続して習慣にすることができれば、必ず行動は進化します。
変化に合わせて行動を進化できれば、成果を出しやすくなります。
成果を出せば5％社員のように周囲から評価されます。
評価されて信頼されれば、仕事のやり方や仕事する場所を選択できるようになります。
このような選択権を得るために、正しい習慣を身につけて成果を出し続けましょう。

「朝の内省」で自己効力感を高める

前作『AI分析でわかったトップ5％社員の習慣』では、5％社員が週に1回15分の内省をする習慣があることを紹介しました。

その調査結果を受けて、95％社員の方々にも毎週金曜の午後3時前後に内省をしてもらいました。

「無駄な作業をやめるきっかけになった」と回答した方は74％となり、5％社員の行動習慣を、ある程度は再現できました。

しかし一方で、「1週間の振り返りをしても、内省ではなく反省になり、つい自己否定をしてしまう」という声もよく聞きます。

こうした自己否定があると、行動習慣が止まりやすいようです。

どうしたら自己否定せずに内省ができるのでしょうか。5％社員にヒアリングしたところ、業務時間中の午後3時よりも、朝のほうが内省に向いていることが分かりました。業務時間中の内省は、期限間近のタスクに気をとられて集中できず、仕事後の内省は徒労感で自己否定に陥りやすいことが分かりました。

「落ち着いて内省できるのは、時間と精神の余裕があるときです」と教えてくれました。

他の5％セールスにも同様の質問をしたところ、朝早く起きている人が多いことに気づきました。起床から出社、仕事開始までの朝時間を活用して、内省や仕事の準備、読書や学習をしていたのです。

朝活をするために5時台に起床する方が多く、**6時前に起床する人の比率は95％社員の6・2倍**もいたのです。

彼らは、朝の内省で自己効力感を得ようとしていたことが分かりました。

起床してからすぐにスマホを触ることをせず、ストレッチしたり白湯を飲んだりして、自律神経を整えていました。

朝の内省時間には心を落ち着かせて、最近の自分を振り返ります。

「ITツールを使いこなせるようになった」

「今週は報告書の作成時間を短くすることができた」

振り返ってダメであったことではなく、ほんの少しでもプラスになったことを思い返していました。

反省ではなく、自分の頑張りや能力を認める「自己効力感」を高めていたのです。

朝眠いのに何とか起きることができた、そして内省をしたという実感がさらに「自己効力感」を高めるようです。


5%セールスは、好成績を残しているかといって常に前向きではなく、他の人と同じように悩み落ち込むときもあります。

しかし、**自分のできる範囲の中で負の感情をコントロールし、前向きな感情を引き出すために内省で自己効力感を得ていたのです。**


5%セールスは、自分がコントロールできる領域を「内円」と捉えていました。この「内円」にフォーカスして成果を出していました。成果を出して評価されることで「内円」を広げていくことを、キャリアアップと呼んでいました。自分がコントロールできない領域つまり「外円」に不平や不満を言う95％セールスと違って、「内円」を広げることで「外円」に近づけようとしていたのです。

不安に負けないためにプラスの要素を外から取り入れるのではなくて、自分から生み出すという感覚を持っているという5％セールスの話を聞いて、私は刺激を受けました。

このヒアリング以来、私も朝活をはじめました。

邪魔されない朝の時間を活用して、自律神経を整え、内省によって自信を取り戻し、読書と勉強、そして執筆をするようになりました。

自分でも驚くほど体調がよくなり、仕事効率が高まりました。

他の人はまだ寝ているのに、自分は仕事をこなしたということが自信につながり、日中も悩んで作業が止まることが減ったと感じます。

他人から承認されることを期待してしまうと、落ち込んだり、人間関係が悪化したりすることもあります。**自分で自分を認めてあげる習慣を持つことで、他人に左右されずに感情をコントロールできます。**

職場や家庭で褒めてもらうのは嬉しいですし、自信が出ます。しかし、「自信は自分から生み出すもの」と捉え、内円のなかで工夫できることがあると思います。

その一つが、朝活だったのです。

「やめること」を決める

変化が激しく不安定な時代で生き抜くには、学び続けることが求められます。

新入社員でもシニア社員でも新たなことを学び、通用しない過去の経験は手放すことが求められます。学習など新たなことをするときは、先にやめることを決めてください。

時間や体力は有限です。先にやめることを決めてから新たなことをスタートしないと、労働時間が増えるだけです。

コップの大きさは一緒ですから、まず不要な水を捨ててから新たな水を注ぎましょう。

やめるというのは、会社を辞めるとか、やらなくてはいけないからもう面倒くさいからやらないとか、そういうことではありません。

やめることを決めるということは、重要なことに投資するということです。

重要なことに集中するためには、やめることを決める。やめることを決めてから、新たなチャレンジをするのです。こうすることによって、より短い時間でより大きな成果を出すことができます。

皆さんには、成果だけ出してもらいたいわけでも、効率だけ高めてもらいたいわけでもありません。効率と成果の両立を目指していただきたいと思います。

More with less.

より短い時間でより多くのことをしましょう。

「やり過ぎていること」をやめる

良かれと思ってやり過ぎてしまうことを、どのようにやめていけばよいのか。

5％セールスが実践していることを3つの手法を紹介します。

①旅のしおりをつくる

5％社員は、目的から逆算して、目標から逆算して手段を決めます。

こういうことをいつまでにやらなくてはいけない。だから、今これをやる、という感じです。

そして、たとえば3時間後には進捗20％ぐらいやってないといけないというような逆算をします。

逆算をすることによって、いつまでに何をやるかということが決まっていきます。

これが旅のしおりです。

たとえば、富士山に登るときに五合目にスタートするのは朝9時で、ステップを踏んで、12時のお昼には七合目でおにぎりを食べて、1時間経ったら再スタートする……。

このように時間軸で作業を区切ることができれば、順調に進んでいるのか遅れているのかを確認することもできます。

あるいは、営業の企画書を明日提出しなくてはいけないとした場合。

10分で説明しなくてはいけないから、7枚の資料を作成しよう。

最初の2枚は、調査データを入れよう。

最後の2枚は、参加者に求めるアクションを入れよう。

調査データを入れるために、10分だけ情報収集をしよう……。

このようにタスクをステップごとに細分化し、各タスクの期限を入れておけば、作業を遅れずに進めることができます。

たとえば、今の資料をつくるだけでも、細切れにするのです。

いつまでに何をやるかが分かっていれば、作業時の迷いがなくなります。

迷いがなくなれば、作業の手が止まりにくくなります。

私も、悩みながら執筆作業をすると、効率は落ちます。

先に書くことが決まっていると、入力がはかどります。

旅のしおりのように、各タスクのステップと時間を入れておけば、それ以外の作業をやめることができるのです。

②基準値を設定する

定量的な基準値を設定することで、やり過ぎを防ぐことができます。

設定できなかったとしても、たとえば部長が必要と言ったもの以外はもう情報収集しないなど、やらないことの基準を決めておくと、判断スピードが速まります。

そして、たとえば仕事はどうですか？

この仕事をこなしたことによって評価が高まりますか？

その仕事をしていることが楽しいですか？

というようなオリジナルの行動基準を5％セールスは持っていました。

力を抜くタスクと力を入れるタスクを分けることで、重要なタスクに注力ができて成果を最大化できるのです。**全部にエネルギーを傾けようとすると、いくら時間があっても足りません。**

心地よさを感じながら、最短距離で仕事を終えるには、自分で上限値を作り、それを越えないようにすることが大切です。

5％セールスは、自分の行動基準をもとに作業時間の上限を事前に設けます。グーグル検索は10分以内に終える、資料は1枚100文字程度に抑える、報告書は3つのインサイトを入れる……などの基準をつくっていました。

こうすることで、やり過ぎがなくなり、アクセルとブレーキのかけ方が分かってくるそうです。

③作業興奮の存在を知る

17万人に調査したところ、回答者の40％は「作業興奮」が癖になっていることが判明しました。

「仕方ない、やるか」と作業をいやいや開始したら、「モチベーションが高まってきた」「思った以上に資料がうまくできた」「エクセルの新たな数式を知って楽しくなってきた」という感覚に陥る方が約40％もいたのです。

このように「作業を開始したらモチベーションが上がること」を「作業興奮」と呼びます。

「作業興奮」で注意すべきは、本来の目的を忘れてしまうことです。手段としての作業が楽しくなり、手段をすることが目的となってしまうのです。手段が目的化してしまうと、本来達成すべき目的を達成できません。

限られた時間の中で成果を残す働き方をしたいのであれば、作業興奮から抜け出し、目標達成のためにエネルギーを費やすことが求められます。

5％セールスは、提案資料や週報の作成などの作業をする際は、45分程度で必ず小休憩を入れます。気分がノッてきたときも休憩するのがポイントです。

ある5％セールスは、「立ち上がって少し休むことで、ふと我に返り、この作業の目的は何かを思い出すきっかけになる」と言っていました。

作業時間に区切りを設けて、適度な休憩をすることが「作業興奮」を止めることに効果があるようです。

会議を減らして「顧客と接する時間」を増やす

社内に抵抗勢力はいます。

10年以上前の栄光にひたり、そのときの行動を変えない人たちです。

コロナ禍前の2019年は、「オンラインで商談するなんてふざけるな！　足で稼げ、訪問してこい！」と考える営業部門の管理職は多かったです。

かつて訪問件数を増やして営業目標を達成することで評価され、管理職に昇格した人は、なかなか過去のやり方を捨てません。

しかし、2022年1月時点で、25%の顧客がオンラインでも説明を要望しています。セールスもそれに合わせてオンライン会議サービスを使いこなさないといけません。

商談をオンラインにするだけでなく、社内会議もオンラインと対面の混在（ハイブリッド）型にすれば、稼働時間を節約できます。

はじめは抵抗していた営業担当役員も、取引先に対して「オンライン会議は便利なので、ぜひ使ってみるといいですよ！」とすすめるほどの入れ込みようで、この経験から私も、**経営陣を巻き込んで「経験学習の場」をつくることは、行動と意識を変えるうえで非常に重要**だと確信しました。

経験学習により営業担当役員の意識が変わったことで、営業部門の会議はオンライン会議が基本となりました。

企業向け研修サービスを提供する会社の事例です。

２０２０年からオフィスにいるスタッフだけが会議室で参加し、外出中のセールス担当者にはリモート参加を許可しました。

この企業は法人向けの社員教育サービスを提供していましたが、２０２０年のオンライン会議の導入以来、顧客への対応回数は前年の2・5倍に、提案件数は2・7倍に、それぞれ増え、**セールス担当者1人あたりの売り上げも2・3倍にアップしました。**

今では取引先にオンライン会議を使った社内トレーニングの提案をしているほどです。

自分たちが使ってみて効果を実感したら、それを顧客にすすめて新たなビジネスとして成り立たせたのです。

この企業では、「使ってみたら意外と良かった」「機動力が上がって、顧客の反応が良くなった」というフィードバックが集まりました。

そこで、「社内の会議」より「顧客と接する時間」を増やすように役員が指示し、KPI（重要業績評価指標）にも「顧客との対応回数」「商材の提案回数」を設定しました。

自分が主催する会議は少ないかもしれませんが、影の影響者（インフルエンサー）として、社内会議の削減に関与することもできます。

会議が始まったら、「この会議は事前に共有された2つのアジェンダがカバーされたら終わりですよね？」と問いかけて終了要件を明確にすると、予定時間より早く解散する確率が増えていきます。

会議の最後に、「今日決まったのはAとBで、来週の木曜までに完了させればよいのですよね？」と発言して会議のまとめをすれば、参加者の行動を促し、次回の会議まで何もしないことが防ぐことができます。

17万人の調査で、1週間の労働時間のうち社内会議に費やした時間がなんと45％もありました。惰性でだらだらと行われている定例会議やアジェンダがない会議など、アクションにつながらない会議はやめて、営業活動に時間を費やしましょう。

「ファン&ラーン」で学習を継続する

環境変化に合わせていくには、学び続けることが求められます。

10年前に習得したスキルは陳腐化して、そのスキルを使い続けることが難しくなっていくでしょう。

新たなテクノロジーが登場すると、これまで磨いてきたスキルが台無しになる可能性もあります。自動翻訳のテクノロジーが成熟化したら、頑張って磨いてきた英語力が台無しになります。

状況に合わせて古くなったスキルを捨てて、新たなスキルを習得しないといけません。学び続けることで変化に対応できるのです。

5%セールスは常に学習しています。

学習継続力を保つ秘訣はファン&ラーンでした。

ファンは「楽しむ」、ラーンは「学ぶ」です。楽しみながら学ぶことがポリシーになっていました。

具体的には3つのファンを感じて、継続力を高めていたのです。

①過去にさかのぼってファンを見つける

ひとつめのファンは過去を振り返って感じるファンです。

たとえば一年前はできなかったのだけど、できるようになったことに嬉しさを感じます。たとえば、一年前に機種変更した最新のスマホが使いこなせるようになったことに気づきます。

日々を過ごす中では感じられなかった自分の進化を、過去との比較によって「できるようになったこと」を意識するのです。

少しでも進化することができた自分を認識すると、自己効力感（自分が能力を持っていることを実感）が高まり、次の行動を起こす原動力になります。

これが過去への遡りによって、獲得できるファンです。

②未来へのファンでワクワクする

このまま学習を継続したら自分にどのようなメリットがもたらされるか想像するのです。習慣化のテクニックで紹介した報酬イメージングに近いものです。

学習したことで得られる具体的なメリットに対してファンを感じることです。

学習継続力を高めるためには、何のために学習しているかを意識する必要があります。

時間をかければかけるほど作業充実感で安心してしまい、本来達成すべき目標を達成することを忘れてしまうのです。

日曜夜にとりかかった提案資料の作成が楽しくなってきてしまって、大手製造業の調達担当にYESと言ってもらうことが目的であることを忘れてしまうのです。

ですから、提案資料に対してYESと言ってもらったら、自分がどのように評価され、そして表彰され、家族に自慢して……。

未来に獲得する報酬に対してワクワク感を持つことができれば、仕事の取り掛かりが早くなります。

私も今、ミリオンヒット作家になってニコニコしているシーンを想像して。ニヤつきながら原稿を執筆しています。

③現時点のファンを感じる

この書籍を手に取ってくれたあなたは意欲が高く、組織で一目置かれているでしょう。あなたのような優秀な方には仕事が集まってきてしまい、残業沼にはまっているかもしれません。

頑固な上司のもとで苦しんでいたり、自分の頑張りを評価してくれなくてストレスを溜めている方もいるでしょう。

しかし、幸せは空から降ってくるものではなく、自分で気づくものです。

仕事が集まるほど人気者であること、良い案件を獲得して「自分はラッキーだな」と感じること……。

こうした現状のポジティブな側面を捉えて、気持ちをアゲることで、「また挑戦しよう！」「ずっと学習しよう！」と意欲が高まります。

これら3つのファンを意識すると、行動することの原動力になります。

過去に遡って確認し、そして未来に何が得られるかを想像してワクワクして、現状のファンを感じるのです。

5%セールスは、これら3つのファンをガソリンのように注入して、学習継続のエンジンを動かしていました。

おわりに

私がトップセールスになることができたのは、アーモンドチョコレートのおかげです。

「はじめに」でも書いたとおり、私のキャリアのスタートはセールスでした。

大学を出て通信会社に入社した私の最初の配属先は東京都八王子市の営業所でした。八王子駅から離れた自然豊かなエリアが自分の担当で、地域の企業に電話サービスの販売をしていました。

軽自動車に地図と商品パンフレットを積んで担当エリアに移動し、一軒一軒訪問して営業していきました。いわゆる飛び込み営業です。

町工場やプレハブ建ての事務所を訪問して、応対してもらえず門前払いされて、また次を訪問する日々が続きました。買ったばかりのスーツを着て、オドオドしながら訪問してくる新人など、誰も相手にしてくれなかったのです。

3週間経っても、契約どころか話を聞いてくれる人もほとんどおらず、心が壊れそうでした。ふさぎ込んだ私は、車の中でラジオを聴いて時間をつぶしていました。

そんな中、同期入社の友人たちが次々に契約を獲得しているという話を聞いて、私は刺激を受けました。頑張らなきゃ！と火がつき、何か工夫しようと考えたのです。

私はとっさに「楽しんでやったほうが続けられる」と思い、営業活動をゲームにすることにしました。

自分が「おはようございます」と挨拶して、相手が挨拶を返してくれたら1ポイント、名刺を受け取ってくれたら2ポイント、5分立ち止まって話を聞いてくれたら3ポイント、次回のアポがとれたらプラス10ポイントというように、営業プロセスをポイント化してみたのです。

そして手帳にポイントを書き溜めて、20ポイント貯まったらアーモンドチョコレートを口にする、というご褒美を用意しました。

大好きなアーモンドチョコレートを1粒食べると、また食べたくなります。そうしたら、また飛び込み営業を始めます。

日々の営業活動の目標を「受注すること」ではなく、「アーモンドチョコレートを食べること」に変えたのです。そうすると不思議と楽しくなってきて、もっとポイントを貯めたいと欲が出てきました。

そこで、ポイントを稼ぎやすくなるパターンを探ろうとしたのです。

たとえば、「おはようございます」と話しかけても返してくれない工事現場では、次から「お疲れさまです」に変えて反応を見ます。

「お疲れさまです」と言うと、「あれ？ こいつは仲間かな？」「もしかしたら本社の人？」などと勘違いして、挨拶を返してくれるのです。

挨拶のあとに「電話サービスの紹介に来ました」と言うと、「うちはいらない」とすぐに断られてしまうので、次の訪問では「電話代の割引にきました」とトークを変えて相手の反応を観察してみたところ、話を聞いてくれる確率が高まりました。

また、サービスの紹介をする前に「電話代は月に2万円以上使っていますか？」と聞くと、さらに話を聞いてもらいやすくなることも分かってきました。

こうして対話のテンプレートをつくっていくと、早くポイントを稼ぐことができるようになりました。

そのうちに商談件数が増え、契約も増えていったのです。

そして、事件が起きました。

営業ゲームを楽しむようになって約9か月後のこと。以前に割引サービスを申し込んでくれた工場事務所の担当者から、「電話機とパソコンをすべて更新したいので手伝ってほしい」という連絡がきたのです。

私は何をすべきか分からないまま、先輩と一緒に訪問してヒアリングをしました。それは、それまで経験したこともない大きな商談で、社内を駆けずり回って調整しました。そして商談から2か月後に正式契約し、八王子どころか西東京エリアでトップクラスの受注額となったのです。

そのラッキーな案件をきっかけに、他の大きなプロジェクトを任されることになり、東京都内でトップ成績となって表彰されました。

20代そこそこの若かりし自分は、「自分の能力のせいだ」と勘違いして調子に乗っていました。それが次の失敗を引き起こします。

5年後に私は転職し、米国に本社がある通信会社の日本担当として営業チームに所属しました。きっとまた成績を残せると過信し、前職のときのように営業プロセスをポイント化して、ゲーム感覚で進めました。

しかし、それでも成績は一向に上がりません。営業関連の書籍を読みあさっても、3か月間まったく契約がとれず、窮地に立たされました。グローバル企業（いわゆる外資）は、成績が悪いと会社に居続けることが難しくなります。

私は試行錯誤を繰り返し、初心に戻って自社サービスを研究しました。そのなかで、「顧客から良いと言ってもらえた点」をセールス部門の先輩たちにヒアリングして集めたところ、意外な共通点を見つけることができました。たった数日の納期の早さが評価されていたのです。競合他社との価格比較では勝てなかったのに、納期スピードのアドバンテージで勝っていったのです。

今度は、たまたま見つけたインサイト（洞察）で案件がとれるようになりました。

そんな私も、現在50歳を過ぎました。かつての自分のような「頑張っても成果が出ない人」を救いたいと考えて、「成果を出し続けている人」のパターンを探求することに決めました。それが本書のもとになったトップ5％セールス調査です。

世の中のセールス職の誰もがアーモンドチョコレートが好きなわけではないでしょうし、行動実験を積み重ねる時間もないでしょう。そこで、各社で成果を出し続けているトップ5％セールスの言動を分析し、再現性の高い「成果が出るパターン」を見出せれば、「頑張っても成果が出ない人」をサポートできると考えたのです。

5％セールスのポリシーは、**意識を変える前に行動を変えること。**

まずはやってみる、行動しながら修正していけばいいのです。

それである程度（3か月から半年程度）やってみて、成果があれば続けて、出なければやめればいいのです。

営業という素晴らしい活動を苦行ではなくゲームとして楽しみ、成果を出し続けるために、本書のテクニックを明日どれか一つ試してみてください。試した結果を周囲の人に伝えてください。

読み終わって満足するのではなく、少しだけ行動実験をしてください。

行動を変えることによって、あなたへの評価が変わり、評価が変われば未来が変わります。

最後に、本書にかかわっていただいた全ての方に感謝申し上げます。5%セールスの調査に協力いただきました全ての皆さま、ありがとうございました。皆さんとの共感と共創によって生まれた書籍です。

Voicyのリスナーの皆さんにもお礼をお伝えしたいと思います。毎日数千人の方に聴いていただき、皆さんの反応やコメントを参考にして「伝わるコンテンツ」になるように執筆しました。

また、ワガママな社長のもとで働いてくれている株式会社クロスリバーの皆さん、いつも本当にありがとうございます。

そして思いをぶつけ合いながら一緒に本づくりをしていただいたディスカヴァー・トゥエンティワンの千葉さんをはじめとする編集部の皆さん、大好きな営業部の皆さん、関係者の皆さんに心から御礼申し上げます。

本書を通じて、読者の皆さんと作り手の皆さんと共感・共創できれば誠に光栄です。

越川慎司

ＡＩ分析でわかった トップ５％セールスの習慣

発行日　2023年4月21日　第1刷
2023年5月20日　第2刷

Author　越川慎司

Book Designer　krran 西垂水敦・内田裕乃（装丁）
小林祐司（本文デザイン＋図版デザイン＋ DTP）

Publication　株式会社ディスカヴァー・トゥエンティワン
〒102-0093　東京都千代田区平河町2-16-1 平河町森タワー 11F
TEL　03-3237-8321（代表）03-3237-8345（営業）／FAX　03-3237-8323
https://d21.co.jp/

Publisher　谷口奈緒美
Editor　千葉正幸

Marketing Solution Company
小田孝文　蛯原昇　飯田智樹　早水真吾　古矢薫　山中麻吏　佐藤昌幸　青木翔平　磯部隆　井筒浩
小田木もも　工藤奈津子　佐藤淳基　庄司知世　副島杏南　滝口景太郎　津野主揮　野村美空　野村美紀
廣内悠理　松ノ下直輝　南健一　八木眸　安永智洋　山田諭志　高原未来子　藤井かおり　藤井多穂子
井澤徳子　伊藤香　伊藤由美　小山怜那　葛目美枝子　鈴木洋子　畑野衣見　町田加奈子　宮崎陽子　青木聡子
新井英里　岩田絵美　大原花桜里　末永敦大　時田明子　時任炎　中谷夕香　長谷川かの子　服部剛

Digital Publishing Company
大山聡子　川島理　藤田浩芳　大竹朝子　中島俊平　小関勝則　千葉正幸　原典宏　青木涼馬　伊東佑真
榎本明日香　王廳　大﨑双葉　大田原恵美　坂田哲彦　佐藤サラ圭　志摩麻衣　杉田彰子　舘瑞恵
田山礼真　中西花　西川なつか　野﨑竜海　野中保奈美　橋本莉奈　林秀樹　星野悠果　牧野類　三谷祐一
宮田有利子　三輪真也　村尾純司　元木優子　安永姫菜　足立由実　小石亜季　中澤泰宏　森遊机
浅野目七重　石橋佐知子　蛯原華恵　千葉潤子

TECH Company
大星多聞　森谷真一　馮東平　宇賀神実　小野航平　林秀規　福田章平

Headquarters
塩川和真　井上竜之介　奥田千晶　久保裕子　田中亜紀　福永友紀　池田望　齋藤朋子　俵敬子
宮下祥子　丸山香織　阿知波淳平　近江花渚　仙田彩花

Proofreader　株式会社 T&K
Printing　大日本印刷株式会社

ISBN978-4-7993-2941-2　AI BUNSEKI DE WAKATTA TOP5% SALES NO SHUUKAN by Shinji Koshikawa

最後までお読みいただき、ありがとうございます。
本書を通して、何か発見はありましたか？
ぜひ、感想をお聞かせください。

いただいた感想は、著者と編集者が拝読します。

また、ご感想をくださった方には、お得な特典をお届けします。